택배기사 된 목사의
생존경제학

지은이 **김연기**

SURVIVAL
ECONOMY

택배기사 된 목사의
생존경제학

지은이 김연기

경제, 자기계발 필독서

경제교육서와
자기계발서를 한번에!

믿음에 '기회'를 주면 결국 이루어진다.
임금만으로는 물가를 따라잡지 못한다.

(주)생각나무

목 차

프롤로그
• 돈은 무한하고, 인생은 유한하다.__9

제1장 Why '영성'
"돈을 왜 버는가?" 돈보다 행복이 먼저다.

• 목사도 사람이다.__17
• 행복이란 무엇인가? 모든 사람은 각자의 행복을 향해 살아간다.__25
• 돈이 얼마나 있어야 행복할까? 인생은 설계한 대로 이루어진다.__35
  - 영성 1. 목표를 쓰되 기한을 적으라.__38
  - 영성 2. 이불을 개고 방을 정돈하라.__42
  - 영성 3. 사랑은 돈을 버는 숭고한 감정이다.__45
  - 영성 4. 물건을 살 때는 '분별력'이다.__49
  - 영성 5. 물건을 팔 때는 저울을 속이지 말라.__53

제2장 How '신념'
"돈은 어떻게 버는가?" 올바른 신념이 결과를 결정한다.

• '절대적 기준'이란 존재하지 않는다.__59
• 신념이 판단의 기준이다.__64
• 자존감이 높아야 신념을 바꿀 수 있다.__67
• 자존심만 강한 사람은 배우지 못한다.__70
• 무엇보다 자기 자신을 사랑해야 한다.__72
  - 신념 1. 말과 행동을 바꿔야 신념이 바뀐다.__75
  - 신념 2. '가난과 실패'의 신념과 '성공과 성취'의 신념은 서로 다르다.__79
  - 신념 3. 신념이 성장해야 상상력도 성장한다.__83
  - 신념 4. 21세기 성공과 성취는 '기술자'에서 '기획자'로 바뀌었다.__88
  - 신념 5. '부'에 관한 건강한 신념부터 가져야 한다.__93

제3장 What '지식'
"돈은 무엇인가?" 금융지식이 곧 경제수준이다.

- 학교에선 '경제'를 가르치지 않는다.__99
- 돈도 발명품이다.__103
- '달러'는 돈의 역사상 다섯 번째 발명품이다.__105
- 돈 5.0 달러의 시대__107
- 돈 5.0 시대를 사는 우리 모두에게 닥친 다섯 가지 문제__110
- 고장 난 화폐, 어떻게 해야 내 재산을 지킬 수 있을까?__116
  - 지식 1. 일의 종류와 소득의 종류__118
  - 지식 2. 재산이 아니다. 자산이다(인플레이션 헤지).__122
  - 지식 3. 어떻게 투자하는가?__127
  - 지식 4. 내 집 마련과 저금통 채우기__135
  - 지식 5. 레버리지(대출)__141

제4장 Who '이성'
"돈을 누가 버는가?" 이성적인 사람이 돈을 지킨다.

- 정말 '운'이 나빠서 실패할까?__151
- 자신의 부족함을 인정하는 것이 '이성'이다.__155
- 자기 모습을 인정하는 방법__157
- 이성의 힘을 인정하면 성장한다.__161
  - 이성 1. 계약은 글과 숫자로 한다.__166
  - 이성 2. 이성적인 사람은 자신의 환경을 통제한다.__171
  - 이성 3. 이성적인 사람은 돈을 통제한다.__176
  - 이성 4. 이성적인 사람이 절약한다.__183
  - 이성 5. 이성적인 사람의 3가지 원칙__191

제5장 When '실행'
"돈은 언제 버는가?" 돈은 공식대로 실행할수록 번다.

- 오직 '프락시스'가 참지식이다. __199
- 연습과 실행만이 지식을 쌓는 방법이다. __202
- 한 번에 되는 일은 없다. 될 때까지 하는 것이다. __206
  - 실행 1. 시행착오의 동반자, 수치심과 돈 __209
  - 실행 2. 운의 공식 '발품' __215
  - 실행 3. 4가지 실행공식 __218
  - 실행 4. 5대 전자 정부, 세금과 증명서, 시간을 아끼라. __232

제6장 Where '마음'
"돈은 어디서 버는가?" 돈은 마음에서 나온다.

- 마음은 인생의 나침반이다. __239
- 대한민국에서 나침반을 지킨다는 것 __244
- 체면은 끊임없이 거짓말을 만든다. __247
- 눈치 보지 않을 용기, 나를 따라가면 된다. __249
  - 마음 1. 마음을 지키라. 마음이 곧 생명이다. __252
  - 마음 2. 설득해야 할 대상은 오직 나 자신이다(진정성). __257
  - 마음 3. '돈(욕심)'을 위해 일하지 말라. '인생(가치)'을 위해 일하라. __262
  - 마음 4. 기부, 이 돈은 사랑이다. __266

에필로그
- 나와 내 주변이 더 행복해지기를 원한다. __269

프롤로그

돈은 무한하고,
인생은 유한하다.

나는 서른여섯에 교회를 나와 사회생활을 시작했다. 그 후 겨우 2년을 버텼지만 사업은 결국 실패했다. 곧장 기초생활수급자 의료급여 대상이 되었다. 그때 난 진심으로 신학을 공부한 걸 후회했다. 아니 '목사'가 되기로 결심한 내 자신이 너무 미웠다. 지난 15년간 '돈' 안 되는 직업을 배웠다는 생각밖에 없었다. 서른여덟, 마흔을 바라보는 나는 갈 곳이 없었다. 나는 흙수저였고 루저였다. 농담 삼아 설교에서 사용하던 '예수저', 그 말처럼 부끄럽고 화가 나는 말은 없었다. '가난'이란 정말로 '삶'을 비참하게 만든다. 내 자신이 너무나 초라하고 부끄러웠다. 틈만 나면 하늘을 향해 원망하고 불평했다.

즉각 성경책을 덮었다. 기독교 관련 서적은 전부 버렸다. 15년간 내 책장에 들여 온 책이 돈으로 따지면 얼마였을까. 그때는 얼마나 분했던지, 중고상에 팔 생각조차 나지 않았다. 분리수거함에 들어가는 책들이 바닥에 부딪히며 '탕탕'소리를 냈다. 수십 권의 책을 버리는데, 책마다 하나같이 내게 말하기를 '너는 배신자다', '하나님의 사람이 하나님의 일을 해야지', '돌아와라 탕자야'라고 욕을 하는 기분이었다. 귓가에 울리는 소리에 지지 않으려고 나도 기를 쓰고 말했다. '웃기고 있네!' 나는 그날 엄숙하고 비장했다. 이 쓸데없는 종교의 흔적이 사라지기를 얼마나 빌었는지 모른다.

  나는 그날부터 다른 주인을 섬겼다. '돈'이다. 신학을 배운 사람이니 좀 더 거창하게 표현하자. '맘몬(mammon)', 그래 '돈의 신, 맘몬'. 나는 맘몬을 주인으로 섬겼다. 새로운 가치를 받아들였다. '돈이 최고이고, 돈 많이 주는 일이 최고이다.' 돈이 제일이고 돈이야말로 가장 '가치' 있는 것이다. '돈' 그분이 누구인지 너무나 궁금했다. 빈 책장에는 새로운 책을 들였다. 경제, 투자, 사업, 마케팅, 자본주의, 자기계발. 온갖 '돈' 벌 수 있는 책을 사들였다. 도서관에 가면 '투자와 사업' 관련 책만 읽기 시작했다. '돈' 좀 벌었다는 분들의 유료강의, '돈' 버는 법에 관한 동영상과 블로그 기사, 나는 집요하게 '돈'의 실체를 파고들었다. 그렇게 4년이 지났다. 지난 4년간 충분히 돈을 사랑해 보았더니, 이제야 '돈'이 무엇인지, '맘몬'이 누구인지 알게 되었다.

  그러나 내 삶은 조금씩 망가지고 있었다. 불행했고, 두려웠고, 갈피를 잡지 못했다. '돈'을 사랑한 사람들의 최후가 그렇듯 나 역시 '괴물'이 되어 가고 있었다. 다행인건 더 늦기 전에 거울에 비친 '괴물'을 발견한 것이다. 돌이켜보면 사람들이 '운'이라고 부르는 그 기운이 나에게도 똑같이 작용했다. '운', 우리끼리는 '은혜'라고 하자. 운이 좋았다. 내가 통제할 수 없는 상황과 알 수 없는 사람들의 도움, 하필 그 순간에 세상이 나에게 유리한 쪽으로 작용한 힘, 그리고 알지 못하는 순간에도 무사히 '생명'을 지킬 수 있게 해 주신 하나님의 초월적인 도우심, 꼭 돌이켜야 깨닫는다. '운'이 좋았고 '은혜'였다.

나는 겁쟁이였다. '운 좋은 겁쟁이, 은혜 받은 겁쟁이.' 앞서 자신 있게 돈과 관련해 말한 것도 다 겁쟁이의 허세일 뿐이다. '하나님을 원망하고 맘몬을 섬겼다?' 아니다. 나는 '하나님'도 '맘몬'도 제대로 섬겨 본 적이 없다. '돈' 많이 주는 사람이 내 편인 심보랄까. 너무 가난하고, 힘들게 자라온 어린 시절. 나는 '사람'을 향한 믿음이 없었고, 내 삶에 관한 확신도 없었다. 나는 늘 비겁한 겁쟁이였다. 사람이 좋아 교회에 갔고, 안전한 곳이어서 교회에 머물렀다. '돈'과 '미래'가 불투명하니 '교회'를 나온 것뿐이다. 한 번도 진지하게 삶에 임해 본 적이 없었다. 항상 '두렵고 무섭고 실패할까 봐' 미리 거리를 두고, 먼저 마무리하고, 앞서 단정하는 것이 내 주특기였다. 할 수만 있다면 '안전'한 곳으로 도망가고 싶었다.

교회를 나와 시작한 사업이 실패하자, 나는 40년 전 내 아버지가 겪었던 똑같은 순간에 직면했다. 아내와 두 아들을 내팽개치고 도망갈 것인가, 아니면 어떻게든 이 아이들을 붙잡고 삶에 진지하게 임해 볼 것인가. 아버지처럼 살고 싶지는 않았다. 내 삶을 내 아들에게 물려주고 싶지 않았다. 그게 내가 간절히 바라는 한 가지였다. 어떻게든 좋으니, 제 먹을 것 조금과 누울 잠자리, 큰 사건·사고 없이 평범한 하루, 그렇게 나는 소박하고 평범하게 살고 싶었다. 그러나 돈이 없었다. 배운 게 도둑질이라고, 돈을 벌려면 다시 '목사'가 되어야 했다. 할 수 있는 게 그것밖에 없었다. 하지만 난 다시 목사가 될 수 없었고, 되고 싶지도 않았다. 삶의 막다른 골목에 이르자 어쩔 수 없이 '경제공부'를 시작했다.

모든 부자의 말에 귀를 기울여 보았다. 경제 전문가, 전업 투자자, 사업가, 성공한 사람들. 그런데 이들의 말을 한데 모아 보니 전문적인 지식을 빼고는 대부분이 '성경 말씀'과 비슷했다. 반대로 말하면 성경책에는 '전문적인 지식' 빼고 다 들어 있었다. 그러므로 내가 성경책과 경제책을 통틀어 '인생과 돈'과 관련해 깨달은 건 이것이었다. "너의 시간은 유한하므로, 매우 가치가 있는 소중한 자원이다. 반대로 돈은 무한하기에 평범한 자원이다. 네 소중한 시간을 '돈'으로 바꾸지 말라. 돈은 '마음'에서 나온다. 그러므로 소중한 시간을 지혜를 사랑하고 지식을 배우는 데 써라. 소중한 삶으로 가치 있는 일을 해라. 가치 있는 인생에는 무한한 '돈'이 따라온다. 그러므로 돈을 좇지 말고 가치 있는 인생으로 만들어 가라. 행복은 거기에 있다."

성경책을 집어치웠는데, 성경책의 이야기가 여기저기서 나왔다. 진리는 언제나 쉽고 간단하다. 성경책이든 불경이든 교과서든, 종교와 분야를 가리지 않고 등장한다. 돈 버는 방법도 진리를 좇아야 한다. '돈'은 지식과 지혜의 대가이며, 동시에 '운', 즉 하나님의 은혜이다. 실력과 운이 때를 만나면 큰돈이 되기도 하고, 실력과 운이 때를 만나지 못하면 큰 빚이 되기도 한다. 다만 인생에서 지켜야 할 질서와 법을 존중하면 사는 데 충분한 돈은 벌 수 있다. 나는 경제공부를 제대로 하고, 인생과 돈을 깨달았다. 이상한 얘기이지만, 나는 돈 공부를 하다가 '예수님이 나를 사랑하신다'는 사실도 깨달았다. "제일 소중한 건 내 인생과 시간이고, 돈은 지혜와 지식의 결과이다."

택배기사 된 목사의
생존경제학

제1장 Why '영성'
"돈을 왜 버는가?"
돈보다 행복이 먼저다.

---

why

제1장 Why '영성'
"왜 돈을 버는가?" 돈보다 행복이 먼저다.

목사도 사람이다.

교회를 그만둔 나는 직장을 그만둔 여느 평범한 회사원이 느끼는 감정을 느꼈다. 믹스커피 한 잔, 그 흔한 A4 복사지 한 장이 간절했다. 현실은 정말 가혹했다. '여기가 에덴동산의 밖이구나!' 정말 이곳에는 치열하게 먹고 살고자 애쓰는 사람이라는 '동물'만 있다. 그 시절 위로가 되었던 성경 구절은 "땅은 너에게 가시덤불과 엉겅퀴를 낼 것이다. 너는 들에서 자라는 푸성귀를 먹을 것이다."[1]였다. 맞다. 돈 벌기가 너무 힘들다. 이렇게 치열한 곳에서 나 한 사람이 돈을 버는 일이란 너무너무 힘겨웠다. 먹고살기 위하여 아무리 애를 써도 애쓴 만큼 벌 수 없었다. 직장인 연평균소득은 3,600만 원, 상위 20%를 제외한 연평균소득은 2,400만 원(월평균 200만 원). 왜 하위 80%의 직장인 평균소득이 월 200만 원인지 절절히 깨달아졌다. 더구나 한 달에 200만 원으로는 내 집 마련은커녕, 월세살이조차 어려운 게

---

1) 창세기 3:18

현실이었다. 현실은 지옥보다 더했다. 입으로 떠들던 목회는 끝없는 반성의 나날이었다.

 나는 그저 생명을 연장하기 위하여 먹이를 찾는 동물이었다. 푸른 초원이 펼쳐져 있으면 한가롭게 풀을 뜯지만, 좁디좁은 우리의 작디작은 구유에, 적디적은 사료를 풀어놓으면 우선 머리를 처박고 옆사람을 밀치는 게 나라는 사람인 걸, 내가 그저 동물이라는 걸, 나도 그저 하나의 핏덩이라는 걸, 자기 생명 하나를 지키기 위하여, 그 좁은 틈에 머리를 비집고 서로를 밀치는 것이, 여기 에덴동산 밖에서 이루어지는 당연한 경쟁이고, 흙으로 돌아가기 전까지는 모든 생명에게 주어진 과제라는 것을 겨우 깨달았다.

 돌이켜 보면 목사였을 때 설교하기 참 싫은 주간이 있었다. 무슨 부흥회니, 수련회니 하는 '전교인 참여' 주간을 앞둔 때였다. 참여를 독려하라는 지시가 있는 상황에서 이 복합적인 아이러니가 펼쳐졌다. 아무리 '기승전'에 힘을 다해 성경을 풀이해도 '결'이 정해진 설교에 자괴감이 들었다. 왜 자괴감이 들까? 부목사로서 해야 할 일이고, 담임목사의 지시사항을 착실히 이행하는데 어째서 자괴감이 드느냐 이 말이다. 거의 10년에 걸쳐 성경을 연구했고, 이제야 비로소 나만의 해석을 제시하여, 성도들의 영적 갈증을 풀어주겠다는 기대와 달리 언제나 결론은 동일했다. "다음 주는 ㅇㅇ기간입니다. 함께 참여하여 주님의 선한 일꾼이 되기를 소망합니다!" 참여 안 하는 모든 사람은 지옥행 열차에 태워버리는 뻔한 결말을 위하여 내 10년간의 성경연구는 꼬깃꼬깃 쓰레기통으로 직행했다.

왜 그랬을까? 지금의 나는 대답할 수 있지만, 그때의 나는 대답할 수 없었다. 나는 그런 설교를 더 할 수 없어서 그만뒀다. 심지어 그렇게 그만두는 일이 굉장히 멋진 일이라 믿었다. 그런데 그 선택을 지금은 이렇게 표현하고 싶다. "철이 없었다." 그래 나는 그때 철이 없었다. 나는 철이 없는 사람이라 더는 담임목사가 시키는 설교를 할 수 없었다. 이 말 자체가 너무 이상하지만, 이것밖에 달리 그 상황을 표현할 길이 없다. '철이 없어서 담임목사가 시키는 설교를 할 수 없었다?' 도대체 뭐가 잘못된 걸까.

다시 돌아가 보자. 담임목사와 부목사, 이들의 삶에 관하여, 이들의 경제활동에 관하여 집중해 보자. 비단 기독교의 목회자뿐만 아니라 불교, 천주교, 원불교의 지도자도 마찬가지이다. 다만 한 가지를 유념하자. 경제학자 하이에크의 말처럼 '경제에 도덕성을 대입하지 말자'. 영적 기준이나 도덕적 우월감 같은 잣대를 들이대지 말고, 순수하게 '경제활동'의 관점에서 논의해 보자. 종교인은 하나의 사람으로서 생존하기 위하여 어떤 경제활동을 하는가. 어떤 일을 하고 어떻게 식량을 마련하는 구조인가. 이를 있는 그대로 보자는 것이다. 목사도 사람이고, 사람은 동물이고, 동물이면 말구유에 머리를 처박고 먹이를 향해 몸부림치는 게 멋진 일이다. 그게 살아 있다는 증거다. "목사님이 그러시면 안 되죠." 이런 말을 빼고 정당한 '경제활동'으로 '종교인'을 바라보자. 내가 말하려는 생각을 순수하게 따라오고 있으리라 믿는다.

우리나라의 기독교 지도자는 정통이든 사이비든 할 것 없이 그 수입은 성도에게서 나온다. 담임목사는 성도의 헌금에서 '돈'을 마련하고, 그 '돈'을 식량으로 바꾼다. 부목사도 마찬가지이다. 담임목사는 우리나라 국세청이 규정한 4대 수입 유형 중 '면세 간이사업자'에 해당하고(따라서 고유번호증이라는 것을 발급한다. 수익 행위가 목적이 아닌 단체에 발급하는 사업 허가증), 부목사는 월급의 규모나 고용 형태는 '근로소득자'이나, 실상은 비정규직 '계약근로자'에 해당한다(따라서 4대 보험 적용 대상의 근무 형태이나 고용주인 '교회'가 정규 사업자등록 단체가 아니기에 4대 보험을 납부할 의무가 없으므로, 부목사는 사실상 비정규직이며, 계약 효력이 없어 고용기간을 보장받지 못하는 단순 노무 인력에 해당한다. 따라서 세금 납부 의무도 없다). 여기까지 나열하고 나니 담임목사와 부목사가 직업으로서 어떻게 경제활동을 하는지 파악된다.

그렇다. 문제는 그거였다. 성도가 없는 교회에 목사는 있을 수 없다. 성도가 없는 교회는 목사가 필요할 리 없다. 성도가 줄어들면 필시 교회의 수입이 줄어들고, 교회의 수입이 줄어들면 목사는 더 이상 필요한 존재가 아니다. 반대로 말하면 성도가 줄어드는 설교를 했다간 담임목사도 직장을 잃을 수 있다. 다시 한번 말하지만 나는 정말 철이 없었다.

학생 시절에는 말구유에 머리 처박을 일 없이 꼬박꼬박 용돈을 받으니 세상을 향하여 마치 제3자 인양 가타부타를 외칠 수 있었다. 민주화운동을 하는 자식들과 현실을 살아가는 부모님이 서로를 이해하지 못하던 시절이 불과 얼마 전이었다. 교회도 마찬가지이다. 신학생 때 나는 가장 용감하고 치열했다. 성경을 읽어보면 가난한 농부였던 예언자가 많았다. 그들의 주된 메시지는 '회개하라'였다. 그걸 '예언자적 설교'라고 했다. 잃을 게 없으면 눈치 볼 것도 없는 법이다. 그런데 학교에 찾아와 비전을 제시하는 목사는 현장에서 통하는 설교는 '제사장적 설교'라 일러주었다. 사람들이 싫어하는 얘기 말고, 축복해 주고 위로해 주라는 것이다. 그러면 그날 밤에 친구들과 치열한 토론을 벌이곤 했다. 어떻게 그럴 수 있냐며, 세속적이고 불신성한 말을 한다는 등 칼날을 들이대곤 했다. 학생일 땐 잃을 게 없다. 주변 사람들과 틀어진들 손해 볼 것도 없다. 교회에 성도가 줄어든들 직장을 잃을 일도 없다. 아직 미혼이니 자식들 걱정할 일도 없다. 본래 비평은 축구장 밖에서 하는 법이다. 철이 없으면 '용기'도 생기고, 해 보지 않은 일은 '비판'도 쉽게 한다.

그런데 그렇게 거룩한 신학대학원 생활을 하는데도 일찍 '철이 든 동기들'은 마치 대기업 입사 전형을 준비하듯 대형교회 이곳저곳에 이력서를 넣었다. 비좁은 엘리베이터에서 모두가 들으라는 듯 "너 거기 썼어? 거기는 당연히 써야지"를 공공연하게 말하곤 했다. 언제부터 철이 든 걸까? 아니면 나만 철들지 않은 걸까?

자, 철이 든다는 말에 집중해 보자. 내가 월세방에 살면서 사진관에 홍수가 나던 날, 그리고 무일푼으로 택배기사를 시작한 날, 비가 추적추적 오던 날, 바로 그날 나는 주석집 48만 원어치를, 아까워서 밑줄 한 번 제대로 못 치고 끝끝내 가지고 있던 그 주석집을 전부 분리수거함에 버렸다. 그러고 나서 하루 16시간씩 일을 했다. 틈틈이 경제공부를 시작했다. 퇴근하고 돌아오면 월세방에 아내와 아들 둘이 곤히 자고 있었다. 서른여덟 그 어느 날, 그제야 나도 철들기로 했다.

한국 교회의 부흥을 이끈 요소 중 하나로 '전임'제도를 꼽는다. 목사의 경제 문제를 성도들이 십시일반으로 해결하며 목회에만 전념하도록 만든 제도이다. 성도들은 목사들이 목회활동에 집중하길 바라는 마음으로 담임목사와 부목사까지 전임제도를 마련했다. 그 덕분에 목사들은 경제활동 고민이 사라졌다. 너무 좋은 제도이다. 말구유에 어떻게 머리를 처박아야 처자식도 먹여 살릴까를 고민했던 목사들에게는 큰 수혜였다.

그런데 누군가의 머릿속엔 일찍 철이 든 탓에 어디로 가야 좀 더 확실하고 안정적으로 먹이를 먹을 수 있을까 고민하며 남들보다 조금 일찍 움직이는 이들이 생겨났다. 다만 어떤 경우에도 경제에는 도덕성을 들이대서는 안 된다. 모든 생명은 '살고자' 애쓰는 행위를 할 뿐이다. 조금 일찍 철든 게 지탄받을 일은 아니다. 이들을 탓할 수 없으며 그렇게 해서도 안 된다. 왜냐하면 그건 모든 생명을 향한 폭언이며, 허언이기 때문이다. 모든 생명은 살기 위해 몸부림친다. 그 누구도 먹으려고 달려드는 생명에게 배부르니 양보하라고 할 권리도 없고, 그 먹이를 뺏을 수 있는 권한도 없다.

다만 지난날 사람들이 사랑했던 목사들을 곱씹어 보면 그렇다. 그들이 철들지 않아서일까? 그들이 몰라서 그랬을까? 단칸방에서 네

다섯 식구가 옹기종기 모여, 집이 교회이고 교회가 집이었던 그때 그 시절 그 목사들을 사랑한 이유가, 그저 성도도 못사는데, 성도보다 더 못사는 목사를 위한 동정이었을까? 말구유에 머리를 처박기 전에, 아직 말구유에 오지 못한 생명은 없는지 주변을 두리번거릴 용기는 있어야 진짜 목사가 될 수 있지 않을까? 우리는 그런 알 수 없는 용기로 행동하는 사람을 향해 영적 권위자라고 하는 게 아닐까 싶다.

그런데 이건 비단 교회만의 문제가 아니었다. 사회를 나와 보니 사는 이치는 어디나 동일했다. 사람들이 사랑하는 사장이나 사람들이 사랑하는 대표의 모습도 동일했다. 그들은 분명 뭔가 알 수 없는 용기로 행동하는 사람들이었다. 책임감이 있고, 주변 사람들을 소중하게 여기며, 자신의 발전과 타인의 어려움을 돌보는 너그러움이 있었다. 존경받고 사랑받는 데는 교회나 사회나 마찬가지였다. 먹고사는 문제는 교회나 사회 할 것 없이 동일하며, 사람들은 먹고사는 문제를 넘어설 특별한 '힘'을 가진 사람을 기대한다.

목사를 그만두고 철이 드니 부대낌이 사라졌다. 나는 그저 내 아이들의 아빠이기에 돈을 향한 욕심은 선한 욕망이 되었다. 내 그릇이 겨우 나 하나, 내 가족 네 명을 담을 수 있다고 생각하니 크게 자리 잡았던 부담감도 사라졌다. 불경한 경제책을 열어 묵상하듯 곱씹게 되었다. 거창한 부담감을 내려놓고, 그저 먹고살고자 말구유에 머리를 처박으니 목구멍으로 음식이 넘어가고 오늘을 살 수 있다는 현실이 정말 감사하다고 깨닫는다. 철들었나 보다. 이제야 그 어떤 목사도, 그 어떤 가장도, 그 어떤 경제활동도 소중하지 않은 게 없다.

행복이란 무엇인가? 모든 사람은 각자의 행복을 향해 간다.

내가 깨달은 건 모든 사람이 살아가야 하는 이유가 단 하나라는 것이다. 즉, 모든 사람은 각자의 행복을 향해 살아간다. '돈'보다 분명 중요한 게 있다. '돈'도 '행복'하려고 버는 것 아닌가. 모든 사람은 각자가 정한 '행복'을 향해 간다. 그래서 나도 내 행복을 향해 간다. 나는 나와 내 가족, 내 주변이 점점 더 행복해진다고 믿는다. 누군가 나에게 지금 무엇을 위해 사느냐고, 왜 사느냐고 묻는다면 정확하게 이 한 문장으로 대답할 수 있다.

> "나는 나와 내 가족, 내 주변 사람들이
> 점점 더 행복해진다고 믿는다!"

지금은 누가 물어도 분명하고 확실하게 대답할 수 있다. 왜 사는지, 무엇을 위해, 어떻게 할지 분명하다. 내 대답은 이렇다. 나는 나와 내 가족, 내 주변이 점점 더 행복해진다고 믿는다. 그래서 돈도 벌고, 글도 쓴다. 하루하루 행복해지기 위해 노력한다.

나는 어쩌다가 이런 결론에 이르게 되었을까? 이 한마디를 내뱉기 위한 여정은 그리 순탄치 않았다. 나는 머리가 나쁘고, 착각과 환상이 많은 순진한 사람이라서 이 대답을 찾기까지 42년이나 걸렸다. 그중 20년은 불행한 가정에서 자랐고, 15년은 교회에서 자랐다. 이제 사회에 나온 지 겨우 7년 차다.

스무 살에 장로회신학대학교에 입학했고, 군대를 다녀온 뒤 서른

둘에 목사가 되었다. 그리고 서른다섯 되던 해 12월 29일, 목사를 그만두었다. 목사를 그만두던 날부터 사람들에게 가장 많이 들은 '축복 같은 저주, 저주 같은 축복'은 이랬다. '하나님의 사람이 하나님의 일을 해야지!', '목사안수까지 받았는데, 이럴 거면 처음부터 받지 말았어야지!' 그때는 이게 무슨 말이고, 사람들이 무슨 의도로 그러는지 전혀 몰랐다. 반박할 수 없는 말들 때문에 나는 지난 몇 년간 너무 무력했다. 소음에 가까운 추측과 참견이지만 아무 대꾸도 못 했다. 그때는 나도 내가 왜 이러는지 몰랐다. 다만 내가 원하는 건 단 하나였다. '그러라고 그래, 나는 행복해지고 싶어.' 내가 무엇을 원하는지 정확히 몰랐지만 그때 나는 달라지고 싶었다. 간절했다. 그래서 이 간절한 답을 찾고자 목사를 그만뒀다.

> "행복은 '감사와 만족'이라는 절반과
> '도전과 성취'라는 절반이 만날 때를 말한다."

열다섯 살, 염세주의자였던 나는 이 세상에서 내가 살아가야 할 이유를 찾지 못했다. 아버지의 사업 실패, 부도 그리고 가난이 왔다. 인간은 '인간다움'을 지킬 수 없다고 느낄 때 스스로 삶을 마감하는 길을 찾는다. 나 역시 곧장 죽으려다 딱 한 가지 생각이 들었다. 만약에 '신'이 있다면 '그 신이 기억하는 삶이라면 의미가 있지 않을까?' 죽고 싶었던 내 인생에 첫 번째로 발견한 가치는 '신의 뜻대로 사는 것'이었다. 그리고 신들의 종교를 널리 둘러보았더니 오직 '사랑'을 말하는 기독교가 가장 합리적인 종교로 보였다. 그래서 곧장 신학대학교에 들어갔다.

스무 살부터 서른까지 교회에선 사람들이 항상 나를 존중해 주고, 모든 사람이 친절하고 따뜻했다. 물론 종종 세상과 담 쌓은 골수 기독교 보수론자도 있었지만, 그건 비단 교회만의 문제는 아니기에 별 상관이 없었다. 다만 현실에서 불행과 고통을 겪는 나에게 믿음이면 모든 걸 이긴다는 말은 다소 비현실적인 이야기로만 들렸다. 나는 늘 냉소적이고 비판적이었다.

그런 나에게 교회는 '천국'이었다. 교회에서 하는 일은 아침 일찍 일어나는 새벽기도를 제외하고, 대부분 쉽고 즐거웠다. 행사를 기획하고, 함께 기도하고, 고민이 있는 교인과 상담하고, 사람들을 위로하고, 성경을 해석하는 시간이 참 즐거웠다. 교회에선 늘 좋은 사람들과 고민을 나누고, 서로를 위해 진심으로 기도하고, 어려움이 생기면 자기 일처럼 나섰다. 나는 그런 시간이 너무 행복했다. 특히 나는 충신교회에서 일할 때 가장 행복했다. 그때 나는 막내였기에 선배들과 함께 교회 일을 하는 하루하루가 행복했다. 내 평생 가장 행복했던 시기였다. 그때는 하루하루 아무 고민이 없고 행복했다.

서른, 마침내 나는 이곳에서 아내를 만났다. 그런데 역설적인 건 나는 아내를 만난 이 시점부터 다시 불행해졌다. 내 인생 가장 행복한 시절, 내 평생 함께하고 싶은 여자를 만났을 때부터 다시 불행해졌다. '생존과 번식'이라는 운명이 찾아오자 치열하게 행복해지는 고민을 시작했다. 행복해지고 싶으니 불행했다. 하나씩 내 미래를 따져보았다. 스펙 관리를 하지 않은 나는 2년에 한 번씩 교회를 옮겨 다닌 메뚜기였다. 심지어 나는 토플을 공부하며 유학을 준비하고 있었다. 내 나이 서른, 수중의 '돈'으로 미래를 점쳐 보니 아무 대책이 없었다. 결혼을 하려니 빨리 목사가 되는 수밖에 없었다.

서른다섯, 나는 교회를 바라보며 물었다. '나는 과연 여기에서 행복해질 수 있을까?' 나는 남이 사 주는 호텔밥을 혼자 먹는 것보다, 내 돈 주고 가족과 먹는 자장면이 낫다고 생각했다. 그 당시만 해도 '회의적이고, 부정적인' 인생관을 가지고 있었다. 나는 가난이 정말 싫었고, 가난한 담임목사가 될 용기가 없었다. 그렇다고 부유한 담임목사가 될 실력도 없었다. 실력도 없는데, 불만만 많으니 결국 교회를 나왔다.

스무 살에 신학교에 들어가 서른다섯에 교회를 그만두기까지 가장 많이 말하고 들었던 말은 '항상 기뻐하라, 쉬지 말고 기도하라, 범사에 감사하라'였다. 환경과 조건에 구애받지 않고 '절대적'인 감사를 할 수 있는 태도, 그것이 행복한 삶의 완전한 목표라고 배웠다. 그 후 7년이 지난 지금은 생각이 조금 달라졌다. 지금은 '감사와 만족'만이 '행복해지는 유일한 방법'이라고 생각하지 않는다. 지금 나는 '감사와 만족'이 행복의 절반이라 생각한다.

교회는 '성경'이라는 위대한 사상 위에 지어졌다. 기독교는 구교와 신교로 나뉘는데, 구교는 가톨릭, 우리말로 천주교, 신교는 개신교, 흔히 말하는 교회다. 나는 그중에서도 개신교의 장로교회 출신이다. 개신교는 예수님의 부활을 믿기 때문에 긍정, 감사, 활력, 만족을 주요 가치로 삼는다. 반대로 천주교는 예수님의 고난을 믿기 때문에 고통, 동행, 인내, 참여를 주요 가치로 삼는다.

특별히 개신교는 서양근대사에 엄청난 영향을 미쳤다. 특히 미국의 발전과 개신교의 연관성은 매우 높다. 수많은 유명 대학이 전부 기독교학교이고, 수많은 기업가가 기독교인이다. 여기에 제2차 세계대전 이후에 건너간 유대인이 개신교 정신과 융합되면서 이는 미국을 세계 경제대국으로 성장케 한 원동력이 되었다.

특히 20세기 초반 미국의 대공황기에 미국 교회는 '영적 회복운동'이 일어났는데, 이 운동의 골자가 '감사하면 잘된다!'였다. 이런 부흥운동은 단순히 '종교계'만의 이슈가 아니라 미국 경제 전반에 영향을 미쳤다. 그때 미국 사회에는 "어떤 상황에서도 '감사하고 만족'하는 태도를 추구하는 게 '성공과 행복'의 시발점"이라는 성공심리가 태동했다. 바로 이 점이 20세기 중반 미국 자본주의 성공신화와 맥을 같이한다. 심리, 경제, 경영, 자기계발, 사업, 투자 등 분야를 가리지 않고 리더가 등장했다. 대표적인 저자와 저서로 데일 카네기의 ≪인간관계론≫, 지그 지글러의 ≪정상에서 만납시다≫, 브라이언 트레이시의 ≪성취심리≫, 토니 로빈스의 ≪네 안의 잠든 거인을 깨워라≫, 조엘 오스틴의 ≪긍정의 힘≫, 론다 번의 ≪시크릿≫, 스티븐 코비의 ≪성공하는 사람들의 7가지 습관≫, 로버트 기요사키의 ≪부자 아빠 가난한 아빠≫ 등이 있다. 이들은 모두 같은 주장을 했다. '성공하려면 무엇보다 어떤 상황에서도 흔들리지 않는 감사한 마음을 가져라!'

성공과 성취를 추구하기에 앞서 자기 인생에 주어진 모든 환경과 조건을 감사하고 만족할 때 비로소 성장이 시작된다는 면에서 일맥상통한다. 맞다. 정말 그렇다. 우선은 그래야 한다. 나도 불과 7년 만에 이 자리까지 온 건 성공철학의 뿌리인 교회의 영향을 받고 자라난 덕이다. 끊임없이 '원망하고 불평할' 만한 '고통'이 찾아와도 그저 '감사하고 만족하며' 일단 받아들일 수 있는 태도를 배운 덕에 여기까지 올 수 있었다.

목사였던 나에겐 부자들이 '감사와 만족'에 관해 쓴 책이 너무 쉬웠다. 이미 나는 15년간 성경을 통해 배웠기 때문이다. 비겁하고 치사한 나이지만 적어도 빌립보서의 그 구절[2]을 보면서 한번은 '불평과 원망'을 삼키는 노력을 해 봤다. 그 덕분에 나는 부자들의 책이 너무 쉬웠다. 어찌 보면 다 솔로몬이 쓴 잠언의 현대판 해석이었다.

이들 책은 하나같이 '방법'은 있으나 해설이 없다. 심지어 자신이 성공하는 데 '운'은 하나도 작용한 적이 없는 것처럼 말한다. 오직 '태도' 하나로 모든 일을 이룬 것처럼 말한다. 그래서 '어떤 상황에도 감사하고 만족하면 성공한다'고 주장한다. 자신들의 성공 비밀은 감추고 뻔한 이야기만 쓴 것 같아서, 좀 더 실질적인 이야기가 없을까 하는 아쉬움이 든다. 그럼에도 불구하고 이 말이 맞다. 우선은 어떤 상황과 환경에서도 감사하고 만족해야 한다. 다행히 나는 이 주장을 제대로 해석하고, 실천할 수 있었다. 쓰레기통에 처넣은 책이 실은 나를 구원해 준 것이다.

---

[2] 빌립보서 4:13 내게 능력주시는 자 안에서 내가 모든 일을 할 수 있느니라.

다만 감사하고 만족하면 성공할 수 있다는 말은 절반만 맞는다. 그러므로 이 생각만 가지고 인생을 추구하면 어떻게 될까? 앞서도 말했지만, 절반의 해답만 찾는다. 나는 서른다섯이 될 때까지 이 생각으로 살았고, 이 생각으로 남의 인생을 도왔다. 그때마다 여러 번 무기력을 느꼈다. 꿈을 찾지 못하는 친구들 앞에서 나는 '꿈을 가져야 한다'는 억지만 부렸고, 알 수 없는 병으로 고통 받는 성도가 '만족하지 않는 저는 죄인인가요?' 하고 물을 때 아무 대답도 할 수 없었다. 지금 당장 1만 원이 없어 교회 행사에 참석하지 못하는데, 행사에 참석하지 않는 사람은 '하나님의 뜻이 아니라고' 설교를 하는 것이 내가 할 수 있는 최선이었다.

교회는 '감사와 만족'을 가르친다. 어쩌면 '감사하고 만족'할 수 없는 현실을 '감사하고 만족'하려고 노력하는 게 현실을 이겨내는 유일한 힘인지도 모른다. 그래서 교회는 우리에게 더욱 '감사와 만족'을 가르친다. 일종의 훈련으로서 말이다.

그러나 감사와 만족은 '주관적인 기준'이다. 강요할 수 없다. '감사와 만족'은 스스로 선택하는 문제다. 어디까지나 감사와 만족은 각자의 기준을 따른다. 감사하고 만족할 만한 '행복'의 기준이 서로 다르기 때문이다. 어떤 사람은 죽을 것 같은 상황도 덤덤히 받아들인다. 하지만 어떤 사람은 작은 변화에도 '불만과 불평'을 한다.

그러나 기독교는 이런 '불만과 불평'을 달가워하지 않는다. 따라서 '불만과 불평'이 생기면 '감사'하고 '만족'하지 못하는 내가 문제 있는 것처럼 느껴진다. 그래서 나를 미워하는 방법 외에는 '불만과 불평'을 잠재울 만한 다른 도리가 없다. '불만과 불평'이 왜 생겼는지 눈길조차 주기도 전에 그 자체로 기겁한다. 최대한 신경을 쓰지 말고 '불만과 불평'이 없는 척하는 게 최선이다. 그럼에도 불구하고 '불만과 불평'이 꾸역꾸역 올라오면 그런 기분을 느끼는 내 자신을 한없이 나무란다. 왜 나는 '감사'할 수 없고 '만족'할 수 없을까. 결국 비겁한 겁쟁이는 행복의 반쪽을 찾기 위해 교회를 그만뒀다.

뜻밖에도 나는 '불평과 불만'에서 행복의 절반을 찾았다. 불평과 불만은 '고통'의 신호다. '고통'은 '해결하고 싶다', '변하고 싶다', '바라는 게 있다'라는 비밀 언어다. '불평과 불만'을 돌보지 않으면 '고통'은 그대로 남아 우리를 괴롭힌다. 행복의 절반은 내 '불만과 불평'에 귀를 기울여 내 '고통'이 무엇인지 알아내고, 그 고통을 직접 해결하는 것이다.

행복이란
삶이라는 고통을 이겨내고, 내가 원하는 것들을 이루고,
만족스럽지 못한 환경을 바꾸는 것이다!
즉, 떳떳하게 돈을 벌고, 원하는 곳에 돈을 쓰며,
바라는 것들을 이루어 가는 것이다.

나는 해 보고 싶었던 일을 실패하고, 고통스럽게 행복을 깨달았다. 대만 해외 스냅은 1년 반 만에 빈털터리가 되었고, 한국에서 차린 사진작업실은 8개월 만에 홍수로 망했다. 세상은 감사와 만족이라는 반쪽짜리 무기로는 도저히 이겨낼 수 없이 매섭다. 어릴 때부터 '경제문제'로 삶이 불안했던 나는 나의 '불만과 불평'을 해결하고자 '돈'을 버는 데 최선을 다했다. 최선을 다하자 돈이 모이고, 돈이 모이자 친구가 모이고, 친구가 모이자 상담이 모였다. 사람들의 '불평과 불만'에 귀를 기울이자 그들의 고통을 알게 되었고, 문제를 해결해 주자 사람들이 더 모였다. 어느새 나와 내 주변은 점점 더 행복해지기 시작했다.

원망하고 불평하는 그 문제가 나를 괴롭히고 있었다. 적어도 나에겐 그게 '돈'이었다. 그러므로 행복이란 불평과 불만을 외면한 채 억지로 감사하고 억지로 만족하는 것이 아니다. 행복은 '불만과 불평'을 만드는 고통을 해결하고, 그 모든 과정에서 감사하고 만족할 때 비로소 누릴 수 있다.

인간은 '가만히 놔 두면' 행복을 향해 간다. 정말 가만히 놔두면 각자의 행복을 향해 걸어간다. 좀 같은 '생각 병원체'와 소음과 잡음이 섞인 '카더라 통신', 실체가 없는 '두려움', 사람을 노예 삼는 '갑질', 그게 부모든, 친구든, 형제든, 이웃이든, 사회든, 교회든, 직장이든 여러 가지 '방해와 장애물'이 된다. 고의가 아니다. 우리는 본래 1인칭으로 산다. 모두에게 해당하는 정답도 없고, 모두가 만족할 만한 해답도 없다. 내가 추구하는 행복이 누군가에겐 불행이 될 수 있고, 내가 추구하는 행복이 누군가에겐 고통이 될 수도 있다. 반대로 누군가 나에게 그렇게 하는 게 틀렸다고 할 수도 있다. 다만 그냥 놔 두면 각자의 행복을 향해 간다. 문제는 그냥 놔 주질 않는 것이다.

끈질기게 자기들 생각을 고집하고, 억지 부리고, 겁박한다. 함께 사는 사람 사이라 어쩔 수 없다. 그래서 각자의 행복을 향해 당당하게 걸어가기가 참 어렵다.

그럼에도 불구하고 내가 깨달은 건 모든 사람은 각자의 행복을 위해 살아가고 있다는 것이다. 각자가 생각하는 행복을 그리며 산다. 그래서 '돈'도 번다. 그래서 '사랑'도 한다. 그래서 '행복'도 추구한다. "그가 비록 천 년의 갑절을 산다 할지라도 행복을 보지 못하면 마침내 다 한곳으로 돌아가는 것뿐이 아니냐."[3] 그래서 나도 내 행복을 향해 간다. 나는 나와 내 가족, 내 주변이 점점 더 행복해지는 삶을 살 것이다.

---

3) 전도서 6:6

돈이 얼마나 있어야 행복할까? 인생은 설계한 대로 이루어진다.

교회를 나온 지 2년 만에 사진작업실이 실패했다. 정말 쌀독에 쌀이 똑 떨어졌다. 나는 선택의 기로에 놓였다. 다시 '목사'를 하든지 아니면 당장 공사판에 나가 막노동을 해야했다. 그러나 이 심각한 상황에도 나는 조선시대 선비처럼 '경제활동'을 불경건하게 여겼다. 좀 더 있어 보이고, 좀 더 좋아 보이는 대안을 아내에게 읊었다. '여행작가'가 된다는 둥, '사업'을 하겠다는 둥 장황한 이야기 말이다.

인내심의 한계를 느낀 아내는 대뜸 종이와 펜을 가져오더니 말했다. "여기에 써 봐!" 급작스러운 전개에 나는 당황했다. 아내는 재차 다그쳤다. "여기에 써 보라니까. 그래서 앞으로 어떻게 할지 여기에 써 보라고!" 지금 이걸 왜 요구하는지, 아예 감을 잡지 못했다. 그 하얀 종이를 멍하니 바라보는데 몇 초의 시간이 흘렀는지 모른다. 그러자 아내는 침착하게 말했다.

"나는 피아노 전공으로 대학을 가고 싶었어. 일반적으로 하루 8시간씩 주 6일이면 48시간. 그렇게 52주면 2,496시간이야. 그런데 나는 일반 고등학교에 다녀서 계획대로 하루종일 연습할 수 없었어. 담임 선생님께 '음대'를 목표로 한다고 말씀드리고, 오후 시간에는 학교에서 '피아노 연습'을 할 수 있게 허락을 받았어. 학교에서 4시간, 하교 후 4시간, 이 계획대로 하루 8시간씩 1년을 연습해서 1곡을 완성한 거야." 아내는 덧붙였다. "그래서 언제까지 얼마의 돈을 어떻게 벌겠다는 건지 여기에 써 봐!"

인생에서 중요한 일을 당하면 그 순간이 느리게 간다. 난 이 시간이 그랬다. 그 하얀 종이가 내 인생 같았다. 무엇을 할지, 어떻게 할지, 얼마나 할지, 아무 계획도 아무 의지도 없지만 그럼에도 불구하고 지금 열심히 허우적대는 게 나의 최선이라고 변명하는 것 같았다. 그 하얀 종이를 며칠을 뚫어지게 내려다보았다. 그리고 일주일쯤 지나서 아내와 '3년 계획표'를 세웠다. 최근에 그 종이를 다시 꺼내보았다. 이루어진 순서는 좀 다르지만, 어쨌든 계획표에 적은 것들은 다 이뤘다.

인생은 설계한 대로 이뤄진다. 얼마의 돈을 벌건지, 어떤 대학에 들어갈지, 어디에 가서 살지, 무엇을 할지, 어떻게 할지, 왜 하는지 등 오직 내가 나에게 스스로 제시해야 한다. 당장 내일 무엇을 할지, 아니 지금 당장 무엇을 할지도 설계한 대로 이뤄진다. 아무 설계도 하지 않으면 남이 설계한 것을 따라가거나 혹은 사는 대로 산다.

얼마의 돈이 있어야 행복할까? 나도 이런 유의 질문에 시원하게 답을 달고 싶다. 정말 열심히 뒤졌다. 대한민국 국민 평균 연봉이 얼마인데 얼마를 벌면 행복해지더라. 혹은 이 정도 연봉 이상을 받아도 더는 동기 부여가 되지 않으니, 돈은 딱 이 정도 벌고 하고 싶은 일을 하라. 그것도 아니면 상위 20%는 재산이 이 정도이며, 부자는 100% 행복을 누린다는 식의 '확신'에 찬 말투로 결과를 알리고 싶다. 그런데 그런 게 존재하지 않는다. 이 세상에는 획일적이고 분명한 '행복'의 기준이라는 게 없다.

인생에는 '정답'이 없다. 각자의 해답을 찾아야 한다. 그래서 적어도 한 번은 얼마의 돈을 모을지, 어떻게 하면 행복할지 스스로 답을 내려야 한다. 어렵다. 매우 어렵다. 아무 자료도 없고, 아무 예시도 찾을 수가 없다. 각자 자기만의 목표와 목적을 세우고 그리로 가는 것이다. 그게 어렵다고 해서, 누구의 조언과 계획대로 산다고 해서 행복한 것도 아니다. 행복이란 스스로 내린 결정대로 실행하고 만족하는 것이다. 그게 행복이고 자유이다.

영성 1. 목표를 쓰되 기한을 적으라.

　신비하고 놀라운 '종교' 이야기를 하려는 게 아니다. 실질적이고 본질적인 답을 말하려 한다. "인생은 설계한 대로 흘러간다." 인생이란 내가 어디로 갈지, 무엇을 할지, 어떻게 할지 그리고 그게 성공인지 실패인지조차 스스로 제시하고, 스스로 실행하며, 스스로 만족하는 것이다. 모든 것은 내 믿음대로 이루어진다. 그러므로 지금 당장 새 하얀 종이를 꺼내 적으라. 무엇을 언제까지 할 건지 말이다.

　서른여덟의 나는 아내와 3년 안에 집을 사기로 결심했다. 따지고 보면 월세방에 둘이 마주앉아 터무니없는 꿈을 적었다. 기초생활수급자 의료급여를 받던 시절 일이니 사실 말도 안 되는 일이었다. 나는 본래 요술램프의 지니가 '소원'을 말해 보라고 해도 순순히 내 마음을 드러내지 않는 아이였다. 그런 내가 해 보았더니 왜 수많은 사람이 일단 쓰라고 하는지 알 듯하다. 우선 쓰라. 그게 누군가에게는 코웃음칠 일이고, 내 눈으로 보아도 말도 안 되는 것 같아도 우선 쓰라. 다만 진심으로 쓰라. 진심으로 목표를 쓰되 언제까지 이룰지 날짜까지 적으라. 그리고 늘 품고 다니라.

　그럼 이 말을 믿지 못하게 하는 가장 큰 장애물이 뭘까? '믿었다가 그렇게 되지 않으면 어쩌지?'라는 강력한 의심이다. 소용없는데 굳이? 맞다. 목표와 기한을 쓰고도 '뭐야 안 되네!'라고 내뱉을 일이 아주 빈번하게 발생할 것이다. '믿고 써 봤는데 안 돼!'라고 말이다. 그런데 진짜 믿음이란 그렇게 작동하지 않는다. 역설적이지만 진짜 믿음은 내 믿음대로 되지 않을 기회를 주는 게 믿음이다. "학교 다녀올

게!"라고 말한 아들을 쫓아가 보니 PC방에 간다? 냉큼 쫓아가서 뒷목을 잡으며, "내 이럴 줄 알았다!"라고 말하는 순간 아들과 부모의 믿음은 애초부터 없었다는 것만 드러날 뿐이다.

"거봐 안 되잖아!"라고 말할 때 이미 믿음이 없었다는 것만 발견하라. 나는 택배기사를 그만두고 '작가'가 되기 위하여, 3년 동안 같은 목표를 썼다. 연말마다 나에게 다시 기회를 줬다. 결국 세 번째 쓰니 이루어졌다. 믿음에 기회를 주라. 내 믿음이 내 믿음대로 되지 않을 기회 말이다. 믿음에 기회를 주면 결국 이루어진다.

그러므로 이 하얀 종이에 당신의 목표를 쓰면서, '안될 것 같은데 쓰라고 해서 쓴다'라고 하더라도 한번 써 보라. 그리고 '뭐야 안 되잖아. 이루어지지 않잖아'라는 생각이 들면 다시 한번 목표와 기한을 쓰라. 다시 믿어주라. 이미 날짜가 지나갔다면 역시 다시 쓰라. 진짜 믿음이란 믿음대로 될 때까지 기회를 주는 것이다. 결국 이루어질 것이다. 인생은 믿음대로 되기 때문이다.

- **장기적인 목적지**
  "목적– 어떻게 살면 행복할까?" 예) 나와 내 가족은 점점 행복해진다!
- **중기적인 목적지**
  "목표– '언제'까지 '무엇'을 이룬다. 구체적인 '숫자'로 적는다."
  예) 3년 안에 OO짜리 집을 산다.
- **단기적인 목적지**
  "설계– '목표'를 이루기 위해 작은 단위의 계획과 실행 과제를 적는다."
  예) 이번 달에 직장을 구한다.

*처음엔 단기적인 목표밖에 쓸 수 없었다. 1년, 2년 시간이 지나자 점점 장기적인 인생의 목적지가 생겼다. 처음부터 종이에 장기적인 목표를 술술 써내려 가는 사람은 없다. 아주 작은 목표부터 써 보자. '정답'을 써야 된다는 강박관념에 사로잡히지 말고 진심을 적어보자.

1) 자유란 스스로 인생의 목적지를 정하는 것이다.

인생을 이끄는 힘은 '자유(自由)'다. 자유, 나는 자유의 한자를 좋아한다. 스스로 자(自), 말미암을 유(由), 무엇을 하든 '내'가 하고 싶을 때 그 일을 하는 진정한 이유가 된다. 사람은 자기가 설계한 대로 산다. 그러나 막상 목표와 기한을 쓰라고 하면 막막할 것이다. 한번도 '자유'를 누려본 적 없는 사람은 이 낯선 느낌이 달갑지 않을 것이다. 그러나 분명한 건 누구도 자신의 인생을 억지로 끌고 가지 않는다. 스스로 목적지를 정하고 그리 가거나, 그게 아니면 사는 대로 산다. 자신에게 말을 걸길 바란다. 진심으로 원하는 게 무엇인지, 진심으로 바라는 게 무엇인지 여기에 적으라. 인생은 설계한 대로 된다.

2) 목표를 세우면 부주의맹시가 된다.

행동심리학자 대니얼 카너먼은 '인간의 집중력은 한정된 자원'이라고 했다. 즉, 극도로 무엇에 집중하면 관심 없는 대상은 그곳에 있어도 보이지 않는다. 부주의맹시란 '주의를 기울이면 그것만 눈에 보이고, 주의를 기울이지 않은 것은 눈에 보이지 않는' 현상이다. 선택은 동시에 포기를 말한다. 목표를 정했으면 포기할 것도 동시에 정해진다. 목적지로 이동하는 데 불필요한 것들은 버려야 한다. 목표를 정하면 그 나머지는 자연스럽게 포기한다. 종이에 목표를 적는 시간, 무의식 깊숙이 '목표'를 설정하게 된다. 그와 동시에 포기할 것이 사라진다. 자신의 '목표'에 어긋난 정보는 자연스럽게 멀어진다. 그래서 쓰라는 것이다.

3) 목적지가 먼저이고, 경로는 나중에 찾는다.

어떻게 해낼지 생각하지 말라. 우선은 목적지를 설정하는 게 먼저이다. 내비게이션도 목적지를 알아야 경로를 검색하지 않던가. ≪성취심리≫의 저자, 브라이언 트레이시가 말하길 '목적지'와 '경로'만 알면 거기에 도착한다고 했다. 그럼 목적지와 경로 중 먼저 정해야 할 게 무엇인가? 당연히 목적지다. 거창한 목적지를 쓰기 위해 아무것도 쓰지 못하는 시간을 보내지 말라. 우선 지금 당장 생각나는 그것부터 써 보자. 인생의 궁극적 목적지는 나중에 점차 찾아가면 된다. 다만 규칙은 하나이다. 진심으로 원하는 걸 달성하겠다는 결심으로 쓰라. 이루어야겠다는 날짜도 꼭 쓰라. 목표와 날짜가 목적지이다.

영성 2. 이불을 개고 방을 정돈하라.

나는 영화 ≪쿵푸팬더≫의 마지막 장면을 좋아한다. 쿵푸팬더는 판다 푸가 무술의 고수가 되는 영화이다. 푸를 가르치는 사부는 푸가 제일 좋아하는 '만두'로 항상 무술 훈련을 시켰다. 푸가 만두를 뺏으려 들면 잽싸게 피하는 식으로 말이다. 마지막 장면에서 판다 푸는 결국 사부의 만두를 뺏는다. 그런데 푸가 더는 만두를 먹으려 하지 않는다. 젓가락으로 만두를 든 채 사부를 빤히 쳐다본다. 그리고 뭔가 깨달은 눈빛을 보낸다.

사람도 마찬가지이다. 처음엔 돈을 벌고 싶다는 욕망이 우리를 움직이게 한다. 회사에 가게 하고, 직장을 구하게 하고, 일을 찾게 하고 공부도 하게 한다. '돈'을 벌면 다시 동기 부여가 돼서 또 돈을 벌려고 한다. 돈은 엄청난 동기 부여이고 보상이다. 그러나 일정 수준 이상의 돈을 벌면 더는 '돈'이 동기 부여를 하지 못한다. 대니얼 카너먼의 행동경제학이 이를 증명한다. 그의 실험에서 인간은 일정량 이상의 돈을 벌면 이제 돈은 동기 부여가 되지 못한다는 걸 보여주었다. '돈'이 한동안은 자신을 이끄는 원동력이 되지만 영원하지 못하다. 어느 순간이 되면 인간은 진정한 삶의 동기를 찾기 시작한다. 인생에는 분명 '만두'보다 더 중요한 게 있다.

그게 '영성'이다. 인간은 영적인 존재이다. '삶이 풍성하고, 충만한 느낌'을 끊임없이 갈구한다. 삶은 정말로 그런 믿음대로 이루어진다. 만약 아프다고 믿으면 정말로 몸이 아프고, 나았다고 믿으면 정말로 몸이 낫는다. 영혼과 육신은 하나로 연결되어 있다. 돈 때문에 살면 정말 돈 때문에 산다. 괴물이 된다는 건 별 것 아니다. '돈'이 '꿈'이 되고, '돈'이 '목표'가 되고, '돈'이 보상이 될 수 있다. 그러나 그런 것으로는 목마름과 공허함을 느낀다. 인간은 영적인 존재이기 때문이다. 궁극적으로는 삶이 풍성하고 충만한 느낌을 원한다. 그래서 한 분야의 고수가 되거나, 사람들에게 기부하거나 혹은 욕심을 내려놓고 자연으로 떠나는 식으로 마음의 안녕을 찾는다.

돈 너머에 있는 '행복'을 발견해야 한다. 당장 '돈'이 하나도 없고 배가 고픈데, 그것을 초월하라는 말이 아니다. 당장 배가 고프면 아무 생각도 들지 않는 법이다. 다만 어느 정도 생활에 필요한 '돈'을 마련했으면 진정한 삶의 의미를 찾아야 한다. 뭔가 부족하고, 뭔가 목마른 느낌, 그 공허함을 채우고 싶은 갈증이 생긴다. 영성을 추구하는 인간의 본능이다. 아침에 이불을 개고 방을 정리하라는 건 본질적으로 '영성'을 의미한다. 이 말은 이렇게 옮길 수 있다. "할 수 있는 걸 하라. 행복은 정말 가까이에 있다." 그렇다. 행복은 아주 평범하고 아주 쉬운 것에 달려 있다.

축구선수 박지성이 처음 네덜란드 리그에 갔을 때 엄청난 슬럼프를 겪었다. 그때 그가 할 수 있는 게 무엇인가? 보통은 자책을 하며 '불행'해지는 게 수순이다. 이 사람도 우리와 똑같은 고민을 했다. 그러나 그는 '행복'을 택했다. 이불을 개고 방을 정리했다. 할 수 있는 걸 했다. 눈앞에 있는 사람에게 패스는 할 수 있지 않은가. 바로 그 것이다. 아주 소소한 것을 이루며, 자기를 지키는 것이다. 인생은 고통의 연속이고, 위기는 끊임없이 발생한다. 고통과 위기로부터 빠져

나오는 방법은 아주 사소한 것에 달려 있다. 아주 작은 것을 해 내는 것이 곧 행복이다.

팀 페리스의 ≪타이탄의 도구들≫에서도 영성을 지키려는 수많은 타이탄이 등장한다. 이들은 기독교인도 아니고 종교인도 아니다. 그럼에도 불구하고 그들 모두 나름의 방법으로 자신의 영성을 지키려고 노력한다. 아침에 감사일기를 쓴다든지, 차를 마신다든지, 명상을 한다든지 이런저런 방법이 나열돼 있다. 이런 대단한 사람들조차 삶의 아주 사소한 것에서 '행복'을 지키기 위해 나름의 노력을 하고 있다.

사실 나는 '이불을 개고 방을 정돈하라!'는 말을 굉장히 싫어했다. 이불을 개고 방을 정돈한들 무엇이 달라지는가? 지금 난 꿈이 없고 돈도 없는데, 과연 이게 무슨 상관일까? 그러나 인생은 이런 영적인 싸움의 연속이다. 불행을 선택하고 인생을 놓아버리고 싶은 유혹은 매일매일 찾아온다. '이불을 개고 방을 정돈하는' 작은 실행이 내 인생에 어떤 영향을 끼칠지 감히 상상하기 어려운 법이다. 분명한 건 아주 사소한 실행이 '변화와 혁신'이고, 나의 '행복'을 지키기 위한 근본적인 노력이다. 저절로 이루어지는 일은 없다. 가만히 있다고 행복해지지도 않는다. 할 수 있는 것부터 해야 한다. 행복은 바로 거기에 있다.

영성 3. 사랑은 돈을 버는 숭고한 감정이다.

애덤 스미스는 ≪국부론≫에서 "우리가 맛있는 빵을 먹을 수 있는 건 '빵집 주인의 이타심'이 아니라, 빵집 주인이 '돈을 벌고 싶은 이기심' 덕분"이라고 말했다. 지금 세상이 어떤 힘에 따라 어떻게 움직이는지 정확히 표현했다. 누군가가 '돈'을 벌고 싶다는 '이기심' 덕분에 다른 누군가가 혜택을 본다는 것이다. 그런데 이 말을 실물경제에서 경험해 보니 다소 글로 표현한 경제라는 생각이 든다. 이 말이 아주 논리적이고 학술적으로는 맞는 말일지 몰라도, 현실에서는 '돈'이 좀 다르게 작동한다.

나는 이렇게 표현하고 싶다. '고객의 이기심을 사랑하는 사람이 돈을 번다!' 조금 불편한 이야기지만, 장사가 안 되는 곳의 공통점을 이야기해 보고 싶다. 한번은 오전 10시에 예약한 사진관에 갔다. 10시 예약이니 당연히 9시 반에 도착했다. 내 머릿속에 이 사진관은 9시에 열 것이라 상상하며 말이다. 그러나 현장에 도착하자 사진관은 굳게 닫혀 있었고, 전화를 걸자 사장님은 10시쯤 도착한다고 했다. 9시 반에 도착한 나는 어떻게 했을까? 당장 유명 사진관으로 향했다. 30분 기다리면 되는 데 1시간 거리에 있는 곳으로 말이다.

이 스토리가 대수롭지 않게 들릴 수도 있다. 사장님의 이기심대로라면 당연히 10시 예약인데 10시쯤 문을 여는 것도 큰 잘못이 아닐 수 있다. 그러나 실물경제는 그렇게 작동하지 않는다. 고객은 사장의 이기심보다 더 큰 이기심을 갖고 있다. 고객은 소중한 돈이 손해 보는 일을 절대로 허용하지 않는다. 나의 이기심을 사랑하지 않는 사장에게는 절대로 돈을 지불하지 않는다. 이게 경제이다.

  불편한 이야기이지만 나는 이런 경험을 자주 한다. 이기심만으로 사업하는 분 말이다. 친절하지 않은 사장, 오직 결제 때만 나긋한 사장, 상품이 만족스러운지 묻지 않는 사장, 상품 자체가 별로인 가게, 청결하지 않은 가게 등 일상에서 이런 경험은 매우 자주 일어난다. 그리고 이들 가게는 하나같이 '이기심과 욕심'에 눈이 멀어 '잘되는 가게 흉을 본다'. 이게 인간의 본성이라 이 말이 나의 지나친 욕심일지 모른다.

  그런데 분명한 건 진짜 돈을 버는 사람들은 단순히 '이기심'으로 돈을 버는 게 아니라는 거다. 사람들은 '돈' 얘기를 하면서 대수롭지 않게 '욕심'을 들먹인다. 다 '욕심과 이기심'이 가득한 사람이 '운' 좋게 번 '돈'이라는 식으로 말이다. 분명 그런 세계도 있을 것이다. 그러나 우리의 일상은 그런 식으로 작동하지 않는다. 실물경제는 '이기심'으로는 어림없는 곳이다. 정말로 돈을 벌고 싶다면 좀 더 숭고한 감정을 지녀야만 한다. '자기 일의 강력한 확신', '가족을 위한 책임', '경영 실력', '고객감동', '전문성', '성실', '청결', '소통' 등 숭고한 가치를 추구하고, 진정한 실력을 쌓아야만 한다. 나는 그런 감정을 통틀어 '고객의 이기심을 사랑하는 사람'이라고 표현한다.

  한번은 유명브랜드 미용실의 부원장과 대화할 기회가 있었다. 이분은 고객이 한번 결제하는 게 제일 쉬운 일이라고 했다. 진짜 어려운 건 '재결제'란다. 왜 그런가 되물었더니 고객은 디자이너의 실력이나 서비스를 믿을 수 있는지 시험하려고 첫 번째 결제를 한다는 것이다. 다시 말해 고객은 처음에 시험 삼아 결제하지만 두 번째는 절대로 그렇지 않다는 것이다. 그래서 재결제가 다가오면 고객에게 평가받는 심정이 된다고 했다. 본질을 꿰뚫는 대답이라 생각한다. 나는 돈을 어떻게 버는가? 누구나 정말 힘들게 번다. 그런 돈을 함부로 쓰는 고객은 없다. 결국 고객은 '믿을 만한 사람인가 혹은 믿을 만한 회사인가?'를 꼼꼼히 따진다. 고객은 사장보다 훨씬 더 이기적인 존재이다.

그럼에도 불구하고 자신의 '이기심'만 추구하는 빵집이라면 현실에서는 살아남기가 매우 어렵다. 만약 저기 저 돈 잘 버는 빵집이 순전히 '이기심' 때문이라고 생각한다면 그건 완전한 착각이고 허상이다. '이기심과 욕심' 같은 마음으로는 절대로 '돈'을 벌 수 없다. 실상 사장이 이기심과 욕심이 많다고 해도 실제로 장사할 때는 고객에게 돌려주는 '이익'이 더 많으니까 장사가 잘되는 것이다.

근본적으로는 '돈'을 벌고 싶은 이기심이 있어야 일을 열심히 한다. 그러나 실물경제는 이렇게 단순하게 표현할 수 없다. 경제는 사람들이 서로 교류하는 활동이기 때문이다. '이기심'은 누구나 가진 평범한 마음일 뿐이다. 돈을 벌고 싶다면 '이기심'을 뛰어넘는 숭고한 감정을 지니고 일에 임해야 한다. 그것은 '사랑'이다. 고객의 이기심을 사랑하지 않으면 절대로 불가능하다.

JTBC에서 방영한 공개오디션 ≪싱어게인1≫에서 우승한 가수 이

승윤의 말이 떠오른다. "가수로 돈을 못 벌지언정 한 번은 내 꿈을 이뤄 떳떳하게 살아봐야겠다! 그래서 나왔습니다." 직장이든, 사업이든 상관없다. 어떤 일이 되었든지 이런 '숭고한 감정'이 요구된다. 자신의 직업을 진심으로 '사랑'해야 한다. 고객의 이기심을 사랑해야 한다. 그래도 실패할 수 있는 게 실물경제이다. 현실은 그렇게 녹록하지 않다. 단순히 이기심으로 돈을 벌겠다는 심정으로는 남들과 다른 결과를 얻을 수 없다. 뜨겁게 '사랑'하고 최선을 다할 때 겨우 이룰 수 있다.

영성 4. 물건을 살 때는 '분별력'이다.

택배기사 4년차, 경제 공부를 어느 정도 마쳤을 즈음의 일이었다. 배송하려고 엘리베이터에 탔다. 때마침 2명의 부동산중개인과 여성 한 분이 탔다. 엘리베이터의 비좁은 공간에 이렇게 넷이 있었다. 그 여성이 적막을 깨고 "여기보다 좀 저렴한 곳은 없을까요?" 하고 물었다. 두 중개인은 여성의 말을 마치기가 무섭게 답변했다. "어머님, 다른 데는 추워요!", "어머님, 여기는 신축인데, 이 가격이면 정말 저렴한 거예요." 이때 나는 두 중개인의 말을 신뢰하기 좀처럼 어려웠다. 신축 빌라의 분양가는 결코 저렴하지 않기 때문이다. 지금 두 중개인은 고객의 요청보다 본인의 영업이 우선인 사람들이다.

경제활동에는 이런 일이 잦다. 나의 이득을 위해서 기꺼이 '가짜'를 말한다. 불편한 진실이지만 분명히 해야 할 게 있다. 이 세상에선 '이렇게 하는 게 맞다'고 가르친다. 심지어 가짜 답안을 '최고의 해답'이라며 공유하는 일도 자주 있다. 처음 일자리를 구해서 스스로 세금을 신고하고, 대출을 실행하여 내 집을 마련하기까지 모르는 것들 투성이었다. 일자리센터, 세무서, 국세청, 주택금융공사, 은행 등 여기저기 묻고 상담하는데, 이런 일이 얼마나 반복됐는지 셀 수 없이 많았다. 하마터면 큰일을 당할 뻔한 일도 부지기수였다. 가짜가 가짜를 진짜처럼 말해 준다. 표정과 상황으로는 절대 분간하기 어렵다. 누구도 "모른다"는 말을 시원하게 하지 않는다.

오히려 확신에 찬 눈빛으로 '거짓말'을 한다. 이들에게 내가 찾는 '진실'은 그리 중요하지 않다. 고양시에 살며 일자리를 구했던 나는 수원인력센터에서 "여기 일자리 많아요!"라고 두 번째 전화를 받았을 때 그제야 서늘함을 느꼈다. 은행에 가면 저금리를 묻는 내 요구와 달리 "이 상품이 그 상품이라며 따져볼 필요가 없다"라며 영업한다. 정말 그게 맞을까? 온화한 미소의 은행원 얼굴을 다시 바라보는데 역시 서늘함을 느꼈다.

진실을 찾기 위해 책을 뒤지니 자기 책을 많이 팔고자 저자가 과장된 성과를 첨부한 사실을 뒤늦게 깨달았다. 사업과 투자 관련 책은 세금을 내기 전 수치로 자신의 수익을 부풀려 기록한다. 온갖 유튜브 강의가 '월 1천 만 원 버는 비결'을 무료로 공개하지만, 실상 자기 동영상을 클릭하기 위한 유도 수단에 불과하다. 부동산 사무실에 가면 슬쩍 내 의중을 떠본 뒤 갑자기 상가 분양을 권한다. 중개소 사장은 먹잇감을 찾은 눈빛으로 달려든다. 너만 알려준다는 비밀은 '마지막 희생자'를 찾는 미끼일 뿐이다. 전혀 필요하지 않은 상품을 권하고, 당신이 찾는 것이 바로 이것이라고 확신에 차서 말한다. 사람들은 다 각자의 이익을 위해 스스럼없이 거짓말을 한다. 그게 선한 얼굴을 한 내 이웃이 경제활동에서 맡은 역할이다. 각자의 역할에 충실한 게 '경제활동'이라면 이것도 나무랄 수 없다.

오직 스스로 '분별력'을 갖추는 방법 외에는 길이 없다. 분별력이 있다면 이 '거짓말'이 보이지만, 그렇지 않다면 속절없이 당하게 되어 있다. 나도 처음엔 내가 왜 이렇고 돌고 도는지, 어째서 서로 해주는 얘기가 반대인지, 상황 파악이 안 됐다. 누구 말이 진짜인지 모르니 매번 진실을 찾아보는 게 최선이었다.

시간이 지나서 분명히 깨달은 건 누구도 "모른다"는 말을 해 주지 않는다는 사실이었다. 경제활동에서는 각자의 이익이 서로 충돌한다. 자기가 손해볼 걸 알면서도 스스로 '진실'을 말하기란 참 어렵다. 한참을 상담한 고객에게 팔 수 있는 상품이 없다는 걸 고객인 나보다 상대가 더 빨리 안다. 그동안 말을 빙빙 돌린 건 내가 자리에서 일어나기 전에 어떻게든 '관심'을 돌리려고 그랬던 것이다. 그러나 이 정도면 고상한 수준이다. 실상은 나에게 도움을 줄 수 없고, 심지어 상품을 갖고 있지 않아도 우선 팔려고 달려든다. 실상 나에게 손해인데 '이득'을 확신하며 말이다. 심지어 내가 고민하는 것들이 잘못되었다고 엄포를 놓는다. 결국 자기의 '이득'을 위해 열변을 토한 것이다.

그러므로 돈을 벌기 전에 우선 분별력을 갖기 위해 최선을 다해야 한다. 누구의 말이 가짜이고, 누구의 말이 진짜인지 먼저 그걸 가려낼 줄 알아야 한다. '돈' 문제로 만난 사람은 쉽게 믿어서는 안 된다. 사람들은 자신의 이득을 위해 그럴싸한 말을 한다.

그중 '진짜'를 만나면 친절히 '답'을 찾을 수 있는데, 그런 사람을 찾는 힘이 분별력이다. 분명히 말하지만 돈을 빨리 버는 법, 쉽게 버는 법, 너만 아는 법은 존재하지 않는다. 모든 비밀은 책과 강의로 세상에 열려 있다. 천천히 진리를 좇아가야 '돈'을 벌 수 있다. '돈'으로 만난 사이는 참인지 거짓인지 늘 분별해야 한다.

반대로 내가 물건을 파는 사람이라면 고객의 처지를 생각해 보라.

진짜 영업을 잘하고 싶다면 고객의 이기심에 귀를 기울여 보라. 내 고객이 아닐 땐 놓아줄 줄 알아야 한다. 모르는 건 모른다고 말해 주고, 아는 건 솔직하게 말해 주라. 당장 이익을 보지 못하더라도 고객은 당신이 '진실'을 말하고 있다는 걸 금세 분별할 것이다. 그게 진짜 영성이다.

영성 5. 물건을 팔 때는 저울을 속이지 말라.

회사 생활을 할 때였다. 10만 원만 주면 세금 신고를 전부 대행해 주고, 심지어 세금이 전혀 나오지 않게 해 준다는 사람이 나타났다. 누군가 했더니 옆 상가 대리점 사람이란다. 그때 정말 여러 명이 그에게 세금신고를 맡겼다. 그렇게 한 2년이 지났다. 세무서에서 추징을 당해 몇 천만 원을 냈다는 소식이 들렸다. 그것도 수십 명이 말이다.

저울을 속이지 말라. 성경에 나온 이야기가 동화 속 고전이라 생각할지도 모른다. 이 동화 같은 이야기가 현실에서 매일매일 일어나고 있다. 사회생활을 하다 보면 은밀한 제안이 온다. 승부 조작, 문서 위조, 세금 탈루, 불법 투자, 백마진, 재료비 누락. 그게 뭐 대수랴! 이런 것들이 얼굴을 훤히 들고, "나 불법이에요. 나 잘못됐어요!" 하고 다가오지 않는다. "다 사는 게 그런 거죠. 이거 아무 문제 없어요!"라며 다가온다. 그 짧은 순간에도 '본능'적으로 '손해'가 무엇인지 '이익'이 무엇인지 재빠르게 계산하기에 이렇게 쉽게 찾아온 '이득'을 마다하면 당연히 바보가 된다.

더 무서운 건 이게 단순히 '허락이냐 거절이냐'의 문제가 아니라는 데 있다. 일종의 '내편이냐 아니냐!' 식으로 다가온다면 선택하기 참 어려운 문제로 변한다. 단순히 "할래, 안 할래?"가 아니라 "너 나랑 같은 가치관을 가진 사람이지?"라고 말이다. 이런 식이면 상대방의 가치관을 전면으로 부정해야 한다. 하필 자주 거래하던 사람, 나에게 이득을 주는 사람, 꼭 필요한 사람이 먼저 제안한다. 이걸 거절하면 '왕따가 될 것인가, 앞으로 이 사람과 거래를 포기할 것인가!' 하는 결론이 난다. 더구나 몇 개월치 일을 해야 할 분량을 한 번에 보상받을 수 있다. 욕심도 나는데 부담감도 크다. 그 다음 생각은 '별 문제 있겠어?'이다.

그러나 인생은 사뭇 다르게 흘러간다. 먹지 않았어야 할 음식을 먹으면 배탈이 나고, 소화할 수 없는 양을 먹으면 한참을 고생한다. 결국 몸 밖으로 나오기까지 고통당한다. 저울을 속여 번 돈은 언젠가 탈이 난다. 그 돈과 완전히 헤어질 때까지 고통을 당한다. 후회할 일은 애초에 하지 말아야 한다.

내가 좋아했던 운동선수 두 명이 있다. 농구선수 '강동희', 축구선수 '최성국'이다. 두 선수 모두 대단히 성공한 프로 운동선수이다. 최성국 선수가 축구에서 승부 조작 파문이 일자 강동희 감독은 인터뷰에서 "프로축구 승부 조작 사건은 가슴이 아프다"라고 했다. 정작 본인은 인터뷰 3개월 전에 승부 조작을 한 뒤였다. 시간이 지나 이 같은 진실이 알려지자 두 사람의 인생은 잊혀졌다.

사람들은 누구나 죄를 짓는다. 그런데 대놓고 죄를 지으면 사람들은 모두 그 사람을 피한다. 자기도 '죄'를 짓는데 다른 사람이 대놓고 '죄'를 짓는 건 절대 못 봐준다. 특히 저울을 속이는 사람을 피한다. 정직하지 못하게 돈을 번 게 드러나면 주변 사람들과 '신뢰' 관계가 깨진다. '신뢰와 정직' 그리 가벼운 가치가 아니다. '신뢰'가 없으면 부모와 자식도 헤어진다. 그러므로 이 말이 너무 식상하고 고전적인 것 같지만, 그래도 백번 강조할 수밖에 없다. 어떤 경우에도 물건을 팔 때는 저울을 속이지 말라. 선택이 아닌 필수이다. 다 잃지 말고 조금 손해 보라. 그렇게 삶을 지켜야 한다.

택배기사 된 목사의
생존경제학

제2장 How '신념'
"돈은 어떻게 버는가?"
올바른 신념이 결과를 결정한다.

how

제2장 How '신념'
"돈은 어떻게 버는가?" 올바른 신념이 방법을 결정한다.

'절대적 기준'이란 존재하지 않는다.

스물여섯 되던 해 봄, 뉴질랜드로 여행을 떠났다. 버스를 타고 뉴질랜드 전역을 횡단했다. 대자연을 자랑하는 이 나라는 고속도로가 거의 없다. 전국의 도로가 우리나라의 1차로 지방도로 수준이다. 버스 여행이니 전체 여행의 절반을 도로에서 보냈다. 특별히 나는 뉴질랜드의 대자연만큼 인상적인 장면을 도로에서 자주 봤다. 이 나라에선 사람이든 가축이든 차가 쌩쌩 달리는 도로를 마구 횡단한다. 북부의 큰 도시 오클랜드에서도, 남부의 아주 작은 도시 넬슨에서도 여러 번 목격했다.

뉴질랜드 도로는 중앙분리대도 없고 신호등도 없다. 사람들은 어느 도로나 상관없이 마구 건넌다. 좁은 도로를 쌩쌩 달리는 버스 안에서 사고가 나지 않을까 조마조마했다. 사람과 가축 구별 없이 횡단하는데 도로를 건너는 모습을 보면 더 기가 찼다. 내 예상으로는 도로를 건너기 전 좌우를 충분히 살핀 뒤 날쌔게 건너가야 하는데 현실은 전혀 딴판이었다. 이 나라 사람들은 그렇게 느긋할 수가 없었다. 이게 도저히 내 머리로는 납득이 되지 않았다.

여행 중에 만난 한국 사람에게 요란을 떨었다. "아니, 이 나라는 왜 이렇게 무단횡단이 많은지 모르겠어요." 그러자 그분이 웃으며 슬며시 알려준다. "저도 그랬어요. 그런데 여기는 무단횡단이 합법이에요. 오히려 차가 멈추지 않으면 불법이에요. 사람과 가축이 길을 건너고 있는데 차가 지나가면 무단주행이라고 해야 하나요?" 그렇다. 뉴질랜드에서는 무단횡단이 합법이다. 아니 이런 표현 자체가 없다. 사람과 가축이 도로의 주인이다. 차가 조심해야 한다. 사람과 가축이 있는 데 차가 그대로 지나치면 '무단주행'이다. 무단횡단과 무단주행, 한동안 머릿속이 좀 어지러웠다.

어떤 것을 좋다 혹은 나쁘다고 할 때에는 '기준'이 필요하다. 한국은 아무데서나 도로를 건너는 걸 나쁘다고 하고, 뉴질랜드에서는 아무데서나 도로를 건너가도 차가 멈추지 않는 걸 나쁘다고 한다. 우리나라와 뉴질랜드는 서로 다른 기준으로 도로교통법을 만든 것이다. 세상에는 이런 식으로 서로 반대되는 것을 서로 좋다고 하는 일이 참 많다. 우리나라에서는 '최악'이라고 여겼던 것이 어느 나라에선 '최고'가 되고, 우리나라에서는 '최고'의 것이 어느 나라에선 '최악'이 된다. 기준이 다르면 판단도 달라진다.

이것은 비단 나라와 나라만의 문제가 아니다. 일상생활에도 자주 일어난다. 두 사람이 물건을 사러 갔다고 치자. 그중 한 사람이 먼저 말한다. "누가 봐도 이게 좋지 않냐?" 그럼 다른 사람이 받아친다. "아니 누가 봐도 이게 좋은데?" 무엇이 더 좋은지 결론이 나지 않으면 옆에 있는 직원에게 묻는다. "이 회사 제품이 좋나요? 아니면 이회사 제품이 좋나요?" 노련한 직원은 "이것입니다"라고 단번에 대답하지 않는다. 잠시 숨을 고르고 다른 대답을 한다. "이 회사는 이게 좋고, 저 회사는 저게 좋습니다. 회사마다 장단점이 있습니다. 어떤 것이 더 좋은지는 개인의 취향입니다. 어떤 걸 원하시는지 말씀해 주시면 그에 맞게 추천해 드릴 수 있습니다." 유능한 직원은 '좋고 나쁨'을 판단하는 기준이 서로 다르다는 것을 이미 안다. 그래서 오히려 당신의 '기준'이 무엇인지 역으로 묻는다. '기준'에 따라 좋은 것과 나쁜 것이 달라지기 때문이다. 서로 기준이 다르면 그에 따라 '좋은 것과 나쁜 것'도 달라진다. 기준은 나라마다 다르고, 지역마다 다르며, 개인마다 다르다.

유능한 기업은 진즉에 이것을 알아차렸다. 기업은 더 많은 상품을 팔기 위하여 일찍이 '사람의 심리'를 연구했다. 기업은 더 좋은 상품을 만드는 것과 별개로 '사람들은 도대체 어떤 기준으로 좋다고 하는 걸까?'에 집중했다. 모든 사람이 '좋다'고 여기는 그 통일된 기준을 알아내고 싶었던 것이다. 마침내 연구 결과가 나왔다. 정답은 '그런 기준은 이 세상에 존재하지 않는다'이다. 그런데 기업은 그런 결과에 실망하지 않았다. 다시 학자들을 불러다 과제를 주었다. '그렇다면 어떻게 하면 좋은 기준을 만들 수 있는가?' 비로소 방법을 알아냈다. '좋다는 말을 자주 들으면 좋은 게 되고, 나쁘다는 말을 자주 들으면 역시 나쁜 게 된다.' 사람들은 '절대적인 기준'을 가지고 '좋다 나쁘다' 판단하는 것이 아니다. '절대적 기준'이란 이 세상에 존재하지 않는다. 좋다고 자주 보고 들으면 좋은 게 되고, 반대로 나쁘다고 자주 보고 들으면 나쁜 게 된다.

기업은 이 점을 집요하게 파고든다. 기업은 자주 보여주고, 자주 들려주고, 자주 경험시켜 주는 데 최선을 다한다. 그래서 기업은 가치 없는 것도 가치 있게 만들 수 있고, 반대로 가치 있는 것도 가치 없게 만들 수 있다. 예를 들어 남아프리카공화국에서 거대 다이아몬드 광산이 발견된 당시에는 다이아몬드를 '비싼 보석'으로 여기는 사람이 하나도 없었다. 그러나 기업에는 아무 문제가 되지 않았다. '다이아몬드는 영원히'라는 광고로 불과 50년 만에 다이아몬드는 세계에서 제일 비싼 보석이 되었다. 마찬가지이다. 지금은 코카콜라와 삼성을 모르는 사람이 없다. 그럼에도 그들은 계속 광고한다. 세계적인 기업은 앞으로 태어날 아이들이 광고 대상이다. 어느 누구도 "코카콜라와 삼성이 좋은 회사예요?"라고 따져 묻지 않는다. 이미 세계 일류기업이라는 광고를 보고 듣고 자랐기 때문이다.

그러나 기업은 여기에 만족하지 못했다. 지난 100년간 더욱 노련해졌다. 기업의 광고가 더는 '내 상품이 좋다'에서 끝나지 않는다. 그들은 '이 상품이 없는 너, 너는 나쁜 사람이고, 불행한 사람이다.' 심지어 '이 상품을 사지 않은 건 죄'라고 알려준다. '이 상품은 좋은 것이고, 이 상품이 없는 너는 죄인이다.' 이게 기업이 우리에게 들려주는 '좋은 것과 나쁜 것'의 진실이다.

신념이 판단의 기준이다.

그러므로 내가 자라나는 동안 어떤 신념이 심어졌는지 꼭 확인해 봐야 한다. 돈에 관해, 부와 가난에 관해, 성취에 관해, 나 자신에 관해 어떤 신념을 가졌는가? 어떤 판단을 할 때 사실은 누군가가 이미 심어준 '기준'에 따라 판단한다. 내 행동을 결정짓는 '신념'이 이미 내 마음속 깊이 자리 잡고 어떤 판단을 하는 '기준점'이 된다. 나도 모르는 신념이 이미 내 마음속 깊숙이 자리 잡고 내 판단을 좌지우지하는 것이다. 심리학자 피아제도 같은 이야기를 했다. 모든 인간은 자라면서 나름의 '기준'을 형성하는데 이게 어떤 판단의 근거가 된다고 말이다.

나는 M. J. 드마코의 《부의 추월차선》을 읽다가 돈에 관한 나의 신념을 정면으로 마주했다. 그가 쓴 문장은 아니지만, 내가 이해한 그의 주장은 다음과 같다. '부자나 가난한 자나 주어진 돈을 본인의 신념대로 판단한 결과일 뿐이다.' 내게 돈이 주어지면 이미 내 안에 자리 잡은 신념에 따라 자동적으로 판단하고 돈을 쓴다. 만약 '부자의 신념'이 자리 잡고 있으면 부자가 되는 방향으로 돈을 쓰고, '가난한 사람의 신념'이 자리 잡고 있으면 가난한 사람이 되는 방향으로 돈을 쓴다는 것이다. 신념이 이미 결과를 결정했다는 말이니, 결국 뜯어고쳐야 할 것은 '신념'이라는 결론이 나온다.

그러면 제일 먼저 나는 어떤 '신념'을 지니고 있는지 스스로 의심해 볼 필요가 있다. 아래의 질문을 보자.

〈스스로 질문하기〉

1. 돈은 좋은 것인가? 나쁜 것인가? 왜 그럴까?
2. 일은 좋은 것인가? 나쁜 것인가? 왜 그럴까?
3. 돈을 벌려는 마음은 나쁜 것인가? 왜 그럴까?
4. 나는 어디에 돈을 많이 쓰는가? 왜 그럴까?
5. 행복해지려고 노력하면 가능한가? 왜 그럴까?
6. 나는 좋은 사람인가? 나쁜 사람인가? 왜 그럴까?
7. 나는 부자가 될 상인가? 왜 그럴까?
8. 나는 나를 어떻게 여길까? 왜 그럴까?

특별히 '돈'과 관련한 질문을 스스로에게 던져 보자. 어떤 대답이 떠오르는가? 아무 이유 없이 '돈', '부자', '일', '태도'에 관해 부정적인 신념이 있다면 왜 그런지 집요하게 추적해 보자. 왜 나는 그걸 좋다고 하는지, 왜 나는 그걸 나쁘다고 하는지 말이다. 그냥 그렇게 생각되어서 그렇게 판단한다고 한다면 그건 자신의 신념이 아니다. 물려받은 신념일 뿐이다. 그런 식으로 유래도 알 수 없는 잘못된 신념을 발견했다면 그 신념을 바꿔야 판단이 달라진다.

좋은 가정에서 '좋은 신념과 좋은 태도'를 물려받은 사람은 나처럼 '자신의 신념이 선한 가치를 가졌는가?' 돌이켜볼 필요가 없다. 정직하고 성실한 부모님 아래서 자란 사람은 자연스럽게 좋은 신념을 물려받기 때문이다. 그러나 나는 그러지 못했다. 삶을 대하는 태도, 돈을 대하는 태도, 나를 대하는 태도, 행복의 관점, 부자의 관점 등 좀처럼 부정적인 기준이 내 안에 많이 있다는 걸 발견할 수 있었다.

더구나 교회에서 물려받은 '돈'에 관한 부정적인 신념도 꽤 많이 발견할 수 있었다. '돈' 얘기를 터부시하고, '부자'를 색안경으로 바라보는 태도, '돈'과 '사탄'을 동일시하는 태도, 경제적 박탈감을 느낄 때마다 부자를 탓하는 태도, 가난한 사람과 의인을 무조건 동일시하는 태도 등 '부자'를 부정적이고 일방적으로 바라보는 관점이 나도 모르는 사이 내 몸에 익어 있었다.

이런 신념이 내 안에 굳게 자리 잡고 있으니 '일과 돈, 경제'에 관해 자동적으로 부정적인 판단을 했다. 따라서 이유도 모른 채 부자는 나쁘다는 편견이 가득했다. 나는 이런 신념을 고치고 싶었다. 그러나 내가 기존에 지니고 있는 '신념'을 바꾸는 일은 나 자신을 부정해야만 하는 일이라 매우 어려웠다. 특별히 나는 자존감이 높지 않은 사람이기에 '신념'을 바꾸기는 더욱 어려웠다.

자존감이 높아야 신념을 바꿀 수 있다.

내가 지닌 신념 중 가장 잘못된 신념은 나 자신을 믿지 못하는 신념이었다. 나는 자아존중감이 충분하지 않은 사람이었다. 그래서 누가 옳은 소리를 한마디라도 하면 얼굴이 시뻘개져서 식식 거리곤 했다. '틀렸다', '잘못됐다!'는 조언을 도저히 받아들이기 어려운 사람, 나는 나에 관한 총체적인 '신념'부터 바꿔야만 했다. 그렇지 않으면 어떤 지식도, 어떤 가치관도 들어올 수 없고, 어떤 변화도 일어나지 않기 때문이다.

그럼 태어나면서 성인이 되기까지 '나 자신'에 관해 가장 많이 들은 이야기가 무엇인지 생각해 보자. 태어나서 지금까지 나에 관해 가장 많이 들은 것이 곧 나를 바라보는 신념이 되었을 것이다. 어린 시절 "너는 좋은 사람이다!", "너는 하나님의 사람이다!", "잘했다!", "충분하다!"라는 말을 많이 듣고 자랐으면 내 마음속 깊이 '나는 참 가치 있는 사람이구나!' 하는 신념이 자리 잡는다. 그런 사람을 일컬어 '자아존중감이 높다. 혹은 자존감이 높다!'고 한다. 반대로 어린 시절 칭찬과 인정이 부족하고, 주로 '너는 참 별로다' 식의 비난과 원망을 자주 듣고 자라나면 마음속 깊이 '나는 참 별로구나' 하는 신념이 자리 잡는다. 이런 사람은 '자아존중감이 낮다. 자존감이 낮다'고 한다. 자신을 판단하는 기준이 되는 '신념'이 나도 모르는 사이에 생성된 것이다.

그래서 자존감이 충분히 높은 사람은 마치 쇼핑할 때 다른 사람과 옥신각신하는 모습과 비슷한 반응을 한다. 누군가 "너 별로라던데?"

하면 "아닌데, 나 최곤데!" 하고 대수롭지 않게 끝난다. 더는 논쟁이 이뤄지지 않는다. 다른 것과 비교할 필요가 없기 때문이다. '뭐보다 좋다, 뭐보다 낫다'고 할 필요가 없다. 본인에 관해 안 좋은 얘기를 들으면 '그럴 수도 있지, 그러라고 그래, 그래서 뭐 어쩌라고?' 하는 마음이 떠오른다.

　인간은 누구나 그런 본능이 있다. 내가 좋은 사람이라는 걸 끝끝내 확인받고 싶은 본능 말이다. 특별히 어릴 땐 유난히 그렇다. "나 잘하죠? 나 최고죠?" 가난하고 불행한 어린 시절 나는 그런 확인을 충분히 받지 못했다. 심지어 나의 가장 친한 친구들은 텔레비전과 라디오였다. 텔레비전과 라디오 광고는 항상 '이 상품이 없는 너는 나쁘다'고 말해 주었다. 가난과 불행은 필히 자존감을 망가뜨린다. 그때 내 마음 깊숙이 들어온 텔레비전 광고가 있다. 예쁜 여학생이 이마에 딱 하나 올라온 여드름을 그렇게 부끄러워하는 광고이다. 얼굴에 여드름이 가득한 나는 내가 얼마나 부끄러운 존재인지 텔레비전을 통해 배웠다.

　자존감을 충분히 채우지 못한 채 자라나면 어떻게 될까? 최후에는 자존심만 남는다. 자존심만 남았으니 자존심이 상하는 걸 죽기보다 싫어한다. 인터넷을 뒤지면 택배기사가 왜 이렇게 화를 내시는지 모르겠다는 글이 참 많다. 지난 날 내 이야기이다. 택배기사일 땐 아무리 바르게 행동해도 "어이, 택배!"를 외치는 사람이 수두룩했다. 내가 자존감이 높으면 '콧방귀'도 뀌지 않았을 거다. 그러나 자존심만 남은 인생이라 그러지 못했다. 나를 함부로 부르며 자기 자존심을 챙기는 사람, 그 소리를 듣고 욱하는 나, 이 둘이 만나면 일이 커졌다. 상대를 낮춰야만 자신의 자존심이 올라가니, 양쪽에서 자기 자존심을 확인하는 목소리가 요란했다. 자존심이 꺾였다간 '나는 참 무능력하구나' 하는 느낌을 받는데, 이 느낌이 정말 싫었다.

자존심만 강한 사람은 배우지 못한다.

자존심은 상대적이다. '누구보다 좋고, 무엇보다 낫다'는 식이다. 그래서 자존심은 상대에 따라 달라진다. 자기 자신에 관한 분명한 신념이 없기 때문이다. 이 사람 말로는 이 사람이 좋지만, 저 사람 말로는 저 사람이 낫다. 나를 판단하는 기준이 외부에 있다.

자존심만 센 사람은 나쁜 소리를 듣기 싫어한다. 자기 안에 자기가 괜찮다는 신념이 불확실해서 그렇다. 그래서 이쪽저쪽에 아니라고 욱한다. 나쁜 사람이 아니라는 데 목을 맨다. 반대로 듣기 좋은 얘기를 들으면 더 해 달라며 살랑거린다. 아무도 듣기 좋은 얘기를 해 주지 않으면 나라도 나서서 나 잘났다고 한다. "나 잘하죠? 나 최고죠?" 충분히 들었으면 더 묻지 않아도 되는데, 이제는 늦었다. 아무리 들어도 충분치 못하다. 나에 관한 신념 자체를 바꾸기 전엔 끝이 없다. 내가 별로라는 신념이 박혀 있기 때문이다.

그래서 자존감이 낮고 자존심만 센 사람들은 무엇을 제대로 배우질 못한다. 남의 이야기를 있는 그대로 듣는 것이 어렵기 때문이다. 일을 배우다 보면 실수도 하고 잘못도 한다. 당연한 거다. 가르치는 쪽에서 지적도 하고 야단도 칠 수 있다. 그런데 자존심만 센 사람은 '실수'를 강조한다. 잘못한 건 맞는데 비난으로 들리기 때문이다. 정당한 사과보다는 상황이 어쩔 수 없었다고 변명한다. 고의가 아니라 '우연히' 벌어진 '사고'를 강조한다. 실수였고, 고의가 아니었다는 점만이 '나를 지키는 유일한 길'이다. 그래야 덜 하찮은 느낌이 들기 때문이다. 그래서 필사적으로 자존심을 지키려 든다. 만약 이 방법이

통하지 않으면 싸워서라도 사수한다.

사람들은 다 각자만의 '기가 막힌' 사연이 있다. 택배회사 동료들의 사연이 참 다양했다. 한때 중국에서 또 베트남에서 억대 매출 기업 대표이셨던 분이 수두룩했다. 반대로 학력이 아예 미달이신 분도 있었다. '성공한 시절', '불행한 시절', '가난한 시절'은 눈물 없이 들을 수 없었다. 가난하고 불행한 환경에서 자라나 어쩔 수 없이 원망과 불평이 생기고, 오직 자존심만 챙길 수밖에 없는 상황이 되었을지도 모른다. 하지만 어떤 사람은 그 못난 자존심을 받아들이고 꽃을 피운다. 정말이다. 튼튼하고 아름다운 열매를 맺는다.

하지만 어떤 사람은 오직 자존심을 지키기 위하여 평생을 매달린다. "아니, 쟤가 그래서 그런 거지!", "아니, 그게 아니라!", "나도 그렇게 되면 잘할 수 있지.", "아니, 그런 의도가 아닌데, 꼭 그러더라." 실패는 운이 좋지 않아 생긴 결과였으며 '실수'는 어쩔 수 없는 우연의 사고라고 믿는다. 잘된 사람을 보면 배 아프고, 조언을 들으면 나를 무시한 것 같다. 나름대로 열심히 하는데도 잘 안 풀린다고 믿는다. 결국 원망과 불평이 태도가 된다. 안타깝지만 이 사람의 마지막이 보인다. 나중엔 중요한 '조언'을 하는 주변 사람이 다 떠난다. 자기 자신에 관한 신념을 바꾸지 않으면 절대로 인생을 바꿀 수 없다.

무엇보다 자기 자신을 사랑해야 한다.

'내 시간'은 한정된 자원(엄청난 가치)이고
'돈'은 무한한 자원(평범한 가치)이다.

무엇이 소중한지에 따라 인생이 결정된다. 그럼 진짜 소중한 건 무엇일까? 내 생각, 내 마음, 내 뜻, 내 꿈, 내 인생, 내 목표, 내 의지 등 '내'가 인생에서 제일 소중하다. 종교적으로 확인할 수도 없고, 어떤 과학으로도 증명할 수 없으며, 인류사에서 왜 내가 제일 소중한지 밝혀진 게 없다. 그럼에도 변하지 않는 진실은 하나다. 나는 나니까 소중하다. 이것은 모든 신념 중에서 기초다. 제대로 된 인생을 살려고 한다면 내 인생을 완전히 받아들이고, 내 삶을 온전히 사랑해야 한다. 이게 인생의 전부다. 성경이 말하는 단 하나의 주제도 바로 이것이다. '하나님은 당신을 사랑하신다.'

학교교육은 오직 '직원 만들기' 교육이다. '성적'에 따라 '좋은 직원이 될 상'과 '빨리 폐기 처분해야 할 상'을 구분하는 시스템이다. 학교 시스템에서 12년을 자라면서 우리 모두가 한낱 '돈'보다 못 하다고 배운다. 시급 얼마짜리, 연봉 얼마짜리 인생이 되는 법을 배운다. 공부를 못한다고 쓸데없는 사람이 되는 건 아니다. 반대로 대기업에 간다고 대단한 사람이 되는 것도 아니다. 12년간 학교가 들려준 신념에 속아선 안 된다. 성적과 자존감은 전혀 상관이 없다.

나를 사랑하는 데 어떤 이유나 기준은 필요하지 않다. "나는 상당히 괜찮은 사람이다!" 거울에 대고 이 한마디면 충분하다. 나에게 제일 소중한 것은 '나 자신'이다. 이건 신념을 넘어 신앙에 가깝다. 증명할 수 있는 게 아니다. 그렇게 믿도록 '신념'을 가져야 한다.

튼튼한 자존감이 있다면 납작 엎드려 뭐든지 배울 수 있다. 주변의 사람들과 책, 강의가 기다리고 있다. 흔들리지 않는 자존감을 가진 사람은 행복과 성공의 비밀을 흡수할 수 있다. 지금 당장 길거리에 나가서 구두닦이를 시작하라면 할 수 있을까? 아마 선뜻 "네!"라고 말하기 어려울 것이다. 만약 이게 사업의 첫걸음이고, 돈 버는 정답이며, 이것밖에 없다고 하면 할 수 있을까? 나이 때문에 그렇다? 체력이 문제다? 돈이 문제다? 아니다. 결국 자존감이 높은 사람은 한다. 자존감이 높으면 무엇을 해도 '하찮은 느낌'이 들지 않기 때문이다. '모르니까 배워야지. 처음부터 잘하는 사람은 없지. 지금 내 실력인데 받아들여야지. 못한다고 나쁜 건 아니잖아?' 나를 사랑하는 사람은 마음을 열고, 귀를 연다. 방법을 찾기 전에 자기 자신에 관한 올바른 '신념'부터 가져야 하는 이유다. 설사 내 신념이 틀렸다고 지적하더라도 겸손한 마음으로 무엇이든 배울 수 있다.

하지만 나를 사랑하지 못하는 사람은 못 한다. 자존심만 센 사람은 안 한다. '마음'을 닫고, '귀'를 닫는다. 자기가 옳다고 믿는 그 신념대로만 한다. 만약 자존심만 센 사람이 정말 큰맘 먹고 구두닦이를 시작하면 어떻게 될까? 누가 시비라도 걸면 '자존심'이 상해서 바로 끝난다. 구두닦이가 하찮다는 말이 아니다. 잘못된 신념을 가진 사람은 어떤 방법도 배울 수 없다는 걸 말하는 것이다. 이런 사람은 묻지도 않고 배우지도 않는다. 당연히 실패한다.

'방법을 모를 뿐이지 방법이 없는 게 아니다.' 나를 사랑하면 배울 수 있다. 자존감만 있으면 무슨 방법이든 다 배울 수 있다. 학교에서 배우지 못한 '사업, 투자, 마케팅, 세일즈, 꿈, 인생' 등 뭐든지 배울 수 있다. 사업에는 공식이 있고, 투자에는 시나리오라는 게 있으며, 마케팅과 세일즈는 순서와 규칙이 존재한다. 삶을 바꾸고 싶다면 먼저 자기 자신을 사랑하는 법을 배우고, 자존감을 가져야 한다. 자기 자신을 충분히 사랑하는 사람이 비로소 자존심을 내려놓을 수 있다. 자존심의 꽃이 떨어져야 신념이 변한다. 올바른 신념을 가진 사람만 비로소 방법을 찾는다.

신념 1. 말과 행동을 바꿔야 신념이 바뀐다.

 "하면 된다! 할 수 있다!" 이 말에는 위력이 있다. 택배기사를 하는 동안 하루에 제일 많이 배송한 개수가 648개였다. 정확히 6시간 반 만에 모든 물건을 배송했다. 그날 내가 하루 종일 입에 달고 있던 말 이 "하면 된다. 할 수 있다!"였다. 왜 그랬을까? 본능적으로 부정적 인 미래가 보였기 때문이다. '저걸 언제 다 배송하나….' 환경을 탓 하고, 상황을 탓하고 싶은 마음이 저절로 든다. 그러나 말로 해선 안 된다. 절대로 그 생각을 입 밖으로 내뱉어선 안 된다. 오히려 "하면 된다! 할 수 있다!" 이렇게 말해야 한다. 정말이다. 말한 대로 된다. 말이 곧 행동이고 신념이기 때문이다.

 말과 행동은 매우 밀접하게 연결되어 있다. 말은 행동을, 행동은 말에 영향을 준다. 말과 행동은 서로 영향을 주고, 반복될수록 서로 강화된다. 말을 하면 그 말소리를 듣고 '자기암시'를 한다. 내가 뱉은 말 그대로 행동한다. 행동은 다시 무의식을 강화한다. 말, 자기암시, 행동, 무의식 이 네 가지가 계속 반복하며 '하나의 신념'이 된다. 이 '하나의 신념체계'를 '습관'이라고 한다.

예를 들어 보자. 만약 부모님에게 "집 사지 마라. 집 사면 망한다"라는 말을 자주 듣고 자랐다고 치자. 그러면 무의식 깊은 곳에는 집을 사는 것과 인생 망하는 것이 연결된다. 집값이 오르고, 떨어지고는 여기서 논할 문제가 아니다. 집을 사는 행위를 곧 '망하는 행위'로, 무의식에 각인되는 걸 말하는 것이다. 누군가가 "이제 집을 사야지!"라고 말을 걸면 기겁을 하며 대답할 것이다. "집 사면 망해!" 자신이 내뱉은 소리는 자신의 귀에 닿으면서 다시 한번 자기암시 효과를 낸다. 그러면 다시 무의식이 강화된다. 이 사람에게 집을 산다는 건 죽음에 가까운 공포다. 이런 식으로 자리 잡은 '신념'이 내 행동의 이유가 된다. 집 얘기만 나와도 습관적으로 고개를 돌린다.

이런 사람에게는 '경제지식'을 곧이곧대로 말할 수 없다. 자신의 신념과 다른 '경제지식'을 들으면 아예 외면해 버리기 때문이다. 신념은 지식을 앞선다. 삶에서 여러 번 경험해서 알고 있지 않은가. 사이비 종교에 빠져 말세를 기다린 사람들이 스스로 '약'을 먹고 죽는 일이 대표적인 예이다. 이들의 신념이 아주 지나치고 올곧아 만천하에 드러난 것뿐이지, 일반인도 자기 신념과 충돌하는 '지식'을 받아들이기 어렵다는 점에서 아주 비슷하다.

우리 각자에게는 이런 잘못된 '신념'이 상당히 많이 숨겨 있다. 이

들 신념은 마음속 깊은 곳에서 나의 올바른 판단을 방해한다. 그게 '대학'이 될 수도 있고, '돈'이 될 수도 있으며, '사회'가 될 수도 있다. 각양각색의 주제로 나타난다. 이런 신념을 찾아내 직접 고치기 전에는 절대로 그 문제를 해결할 수 없다. 그 신념이 있는 한 같은 판단과 같은 행동을 반복한다. 습관적으로 하는 행동, 습관적으로 거부하는 생각, 습관적으로 거절하는 태도를 찾아내서 '말'과 '행동'을 억지로 변화시켜야만 '신념'이 바뀐다.

그렇다면 만약 말과 행동이 서로 다르면 어떻게 될까? 본능적으로 둘 중 하나를 본래의 신념에 맞도록 조정하려 들 것이다. 우리가 작심삼일인 이유와 같다. 행동은 그대로인데, 말을 바꾼다고 해도 본래 하던 쪽으로 돌아가려는 성질 때문에 습관을 바꾸기 어렵다. 신념은 습관이 되어 이토록 무섭게 행동을 지배한다. 이미 '습관'이 되었기 때문에 그렇게 생각하고 행동하는 게 편하고 익숙한 것이다. 아무리 잘못된 신념을 지니고 있더라도 그것이 이미 습관이 되면 바꾸기가 쉽지 않다.

그러나 방법이 있다. "소리 내어 계속 말하라. 말한 대로 바뀔 것이다." 6.25전쟁 때 중국과 북한에 미군이 포로로 많이 잡혀갔다. 공산당은 미군을 설득하기 위해 그저 공산당 찬양 글을 소리 내어 읽게 했다. 강압이나 협박이 아니라, 스스로 소리 내어 읽도록 부탁했다. 굉장히 인격적인 요청이라 생각한 미군은 별 거부 없이 지시를 따랐다. 대수롭지 않아 보이는 방식이지만, 미군 중 일부는 결국 공산당으로 전향했다. 강압 없이 스스로 말이다.

말과 행동이 다르면 본능적으로 신념을 조종한다. 원치 않는 말을 계속하면 결국 신념이 바뀐다. 신념은 말과 생각, 행동을 전부 통일하려는 성질을 지니고 있다. 마찬가지다. 만약에 자기가 고치고 싶은 '신념'이 있다면 바뀌고 싶은 '말'과 '행동'을 반복적으로 하는 수밖에 없다. 신념에 과부하가 걸리도록 말이다.

나에게도 고치고 싶은 행동이 있었다. 나는 무슨 일이든 일단 미루는 습관이 있었다. 나에게 '미루지 않기'는 정말 고치고 싶은 습관이었다. 그 당시 나에게 큰 변화를 준 책이 있다. 김성호의 ≪일본전산 이야기≫이다. 이 책에 나오는 '일본전산'이라는 회사의 철학이 '즉시 한다. 반드시 한다. 될 때까지 한다'였다. 이걸 보자마자 '아 이거다!' 싶었다. 바로 적용했다. 아내의 부탁인 "이체해 달라! 공과금 내 달라! 음식물 쓰레기 버려 달라!" 등을 듣자마자 외친다. "즉시 한다. 반드시 한다. 될 때까지 한다!" 그리고 바로 실행했다. 변하고 싶은 말과 행동을 계속 반복하는 것이다. 정확히 한 달 뒤에 피드백이 왔다. "여보! 뭔지 모르겠지만 달라진 것 같아!"

나에 관한 잘못된 신념을 바꾸려면 '올바른 신념'을 받아들이면 된다. "나는 매일매일 점점 더 좋아진다. 나는 소중한 사람이다!"와 같은 말을 꾸준히 반복하면 된다. 그러면 몸이 반응한다. '어? 되네?' 그러나 너무 긴장을 일찍 풀어선 안 된다. 기존의 습관은 정말 지독하다. 그럼에도 불구하고 다시 실행하는 수밖에 없다. 말과 행동을 바꿔야만 신념을 바꿀 수 있기 때문이다. 신념이 완전히 바뀌면 '습관'이 되어 자리 잡는다.

신념 2. '가난과 실패'의 신념과 '성공과 성취'의 신념은 서로 다르다.

사람의 정신은 10%가 '의식'(이성)이고, 90% 정도가 '무의식'(감정, 본능)이다. 우리의 마음속 깊은 곳에는 아주 본질적이고 기본적인 '신념'을 각자 가지고 있다. 이런 '신념'은 누가 어떻게 심어 주었는지 알 수 없는 무의식 어딘가에 간직되어 있다. 개인의 신념이란 자라나는 동안 가장 많은 시간을 보낸 '사람과 환경'으로 채워진다. 그래서 무의식에는 부모님이 물려주신 것이 가득할 수밖에 없다. '가난하고 실패'한 가정에서 자라나면 '가난하고 실패하는 가치관'을 뼛속 깊이 새기게 되고, 반대로 '성취하고 성공'한 가정에서 자라나면 역시 '성취와 성공의 가치관'이 자리 잡는다.

가난은 '신념'을 통해 대물림된다. 정확히 말하면 부모가 자기 자녀에게 직접 가난이라는 신념을 '무의식'에 전해 준다. 가난은 '돈'의 양으로 결정짓는 게 아니라 무의식에 새겨진 신념에서 비롯된 '태도'로 나타난다. 당연히 성공, 미래, 부유함도 그런 가치관을 가진 부모님의 '신념'에서 비롯된다. 부모님이 좋은 정신, 좋은 태도를 물려주면 그 좋은 정신과 태도를 가지고 '부'를 이루는 식이다.

"끈기가 없다", "머리가 좋다", "검손하라"('분수에 맞게 하라'는 의미), "대학은 꼭 나와야 한다", "너는 꼭 그러더라" 등 이 다섯 가지 말은 내가 어릴 적 가장 많이 들었던 말이다. 이들 말은 분명한 공통점이 있다. 이 말에는 '모든 것은 행운과 운명'이라는 신념이 깔려 있다. 가난과 실패의 언어이다. "네 팔자는 가난할 팔자. 해도 안 돼. 해도 소용없어." 이런 말이 무의식 깊숙이 파고들어 신념으로 견고히

자리 잡고 행동을 지배한다. '삶은 운명이구나. 정해진 대로 되는구나! 그럼 노력도 시도도 소용없구나!' 즉, 가난할 운명이기에 어떻게 하든 가난해진다는 신념이다. 이게 진짜 소름 끼치는 일이다. 코끼리를 어릴 때 작은 말뚝에 묶어 놓으면 다 큰 어른 코끼리가 되어도 그 작은 말뚝을 뽑으려 하지 않는 것처럼, 어릴 때 우리의 정신을 아주 작은 방안에 가두어 놓으면 절대로 그 이상 커 나갈 수 없다.

가난과 실패의 신념 (운과 운명)	성공과 성취의 신념 (노력에 따라 미래가 달라진다.)
머리가 좋다는 말은 축복이다!? 내 생각이 틀릴 리 없다.	머리가 좋다는 말은 저주이다. 책을 읽고, 방법을 배우면 계속 발전한다.
노력과 수고는 배신한다. 모든 것은 운이다.	노력하면 이루어진다. (어떻게 될지 아무도 모른다.)

머리가 좋다는 말 역시 두 번 생각해야 하는 말이다. 머리가 좋다는 것도 '타고났다'는 말로서 행운과 운명의 언어다. 실제로 머리 좋다는 칭찬은 교육적으로 아주 나쁜 칭찬에 속한다. 그런데 나는 머리가 좋다는 말을 참 좋아했다. 칭찬과 인정이 고팠던 나에겐 단비 같은 말이었다.

그러나 '머리가 좋다는 말'이 얼마나 무서운 저주인지 모른다. 나는 머리가 좋으니 당연히 내가 예측한 미래도 틀릴 리 없다고 추측한다. 어떤 자료를 참고하거나 고수의 의견을 묻지 않고, 나 혼자 추측하는데, '이 추측이 틀릴 수 있다'는 의심조차 하질 못한다. '이거는 해도 안 된다!' 나는 머리가 좋은데 이처럼 머리 좋은 사람이 생각해 볼 때 불가능해 보이면 더는 해 볼 필요가 없다. 그럼 그날로부터 어떤 시도도 하지 않는다. 따라서 이 모든 게 완전한 악순환이고, 완벽한 저주다.

잘못된 신념은 성인이 되어도 지독하게 작용한다. 나는 많은 사람이 이 문제를 직면하고 있다고 본다. '방법'이 없어서가 아니다. 믿음이 없어서 실행하지 못한다. 아무 것도 할 수 없게 만든 무서운 저주, 아주 작은 신념 속에 가두었으니 두려움이 많을 수밖에 없다.

특별히 위기가 찾아오면 뿌리깊게 박힌 신념이 수면 위로 올라온다. 나 역시 가장 힘들고 고통스러운 순간에 내 본 모습이 툭 튀어나온다. "누가 나를 도와줘! 아무도 나를 도와주는 사람이 없어!" 고아같이 자라온 아버지가 자주 하시던 말씀이었는데, 어느새 내 신념이 돼버렸다. 단순히 힘들어서 한 말이 아니다. 이미 무의식에 꽉 자리 잡고 있는 '신념'이 된 것이다. 이걸 알아차린 순간부터, "나의 도움은 천지를 지으신 하나님으로부터 온다!"[4]라고 수없이 소리 내어 말하기 시작했다. 새로운 신념 백신을 주입해서 고치는 것이다. 그렇지 않으면 이 바이러스 같은 신념이 내 인생 전체를 잡아먹는다.

성공의 언어는 '가난과 실패'의 언어와 다르다. 성공의 언어는 '노

---

4) 시편 121:2

력과 미래는 어떻게 될지 모른다'는 뜻을 담는다. 노력을 믿고, 미래를 단정하지 않는다. 언젠가 드라마 한편을 보는데, 고시생의 방에 "하면 된다! 할 수 있다!"라는 표어를 걸어둔 모습에 웃음이 났다. 정말 맞는 말이지만, 믿지도 않는 표어를 걸어둔 내 모습 같아 웃음이 났다. 그러나 이제는 저 말이 갖고 있는 힘을 믿는다.

미래는 운명대로 정해진 것이 아니다. 노력과 태도에 따라 달라질 수 있다. 실제로 해 보기 전엔 어떻게 될지 모른다. 이런 신념을 갖도록 언어를 바꿔야 한다. 현대 창업주 정주영 회장의 "이봐 해 봤어?"는 말 그대로 성공의 언어다. 이순신 장군의 "신에게는 아직 열두 척의 배가 있사옵니다"라는 말은 벌써 이겼다고 선포하는 수준이다. 너무 대단한 분들을 이야기하면 좀 부담되는 게 사실이다. 그 사람들은 특별한 사람이라 그렇게 되었다고 할 것이다. 그러나 그 사람들이 특별한 사람이라고 생각하는 그 신념마저도 '운과 운명'의 언어라는 것을 알아차려야 한다. 저들도 우리와 똑같은 사람이다. 그저 '노력을 믿은 것'뿐이다. 분명한 건 길고 짧은 건 대 봐야 알 수 있다.

하지만 이 말조차 뿌리 깊게 박힌 신념 탓에 믿지 못할 수도 있다. 신념이 그토록 집요하다. 아무리 '옳은 말, 옳은 지식'을 가져다주어도 '아니라'고 믿으면 아닌 게 된다. 따라서 말을 바꾸든지 행동을 바꾸든지, 뭐 하나를 바꿔서 기존의 잘못된 신념을 바꿔야 한다. '운과 운명'의 언어를 버리고, '노력과 미래는 모른다'는 언어로 새로운 신념을 입혀야 한다. 올바른 신념이 있어야 비로소 방법을 찾기 때문이다. 일단 말해 보자. "할 수 있다! 하면 된다!"

신념 3. 신념이 성장해야 상상력도 성장한다.

범죄 수사 현장에서 알리바이를 확인할 때 쓰는 기법이 있다. 용의자에게 그날 있었던 일을 상세히 쓰라고 시킨다. 혐의가 없는 용의자는 정말로 그날 있었던 일을 쓰면 그만이다. 그러나 진짜 범인은 다르다. 자기가 범인이라는 사실을 숨기고, 없던 일을 적어야 하기 때문에 온갖 상상력을 동원해야 한다. 잊지도 않은 일을 적으려면 특별한 창의력이 필요하다. 범인들은 최대한 상상력을 발휘해 그날의 알리바이를 작성한다.

그러나 상상으로 쓴 글이 오히려 자신의 범죄가 드러나는 단서가 된다. 실제로 한 범죄자는 "어디선가 탕 소리가 들렸다"라는 문장 때문에 붙잡혔다. 여기서 "탕!" 소리는 본인이 쏜 총소리를 표현한 것이다. 범인들은 최대한 '상상'으로 적으려고 했는데, 어째서 이런 단서를 흘릴까. 아무리 '상상'을 한다고 해도, 상상은 결국 자기가 직접 보고 직접 들은 것을 재료로 삼기 때문이다. 이걸 '목격 현상'이라고 한다.

부자들의 책에선 유독 '상상력'을 많이 강조한다. '상상하라! 구체적으로 상상하면 이루어질 것이다!' 이 말을 들으면 대개 눈을 감고 온갖 상상력을 동원한다. 부자가 된 내 모습, 미래의 성공한 모습, 잘된 모습, 빌딩과 고급차 등으로 머릿속을 채운다. 그다음 그걸 자세히 쓴다. 어떤 사람은 간절한 마음에 벌고 싶은 금액을 수천 번 반복해서 공책에 적는다. 어떤 사람들은 갖고 싶은 것들, 하고 싶은 것들을 매일매일 적는다. 그러나 이건 상상력이 아니다. 그저 '목격 현상'이다. 본래 가지고 있는 지식과 경험을 나열한 것뿐 새로운 것이 아니다.

상상력이란 지식과 경험을 재료 삼아 신념이 팽창하는 걸 말한다. 새로운 지식과 새로운 경험이 없으면 상상력도 제자리이다. 아무 책도 읽지 않고, 아무 것도 배우지 않으면 새로운 것을 떠올릴 수 없다. 그 상태에서 아무리 떠올려 봤자 매일 같은 생각을 하는 것뿐이다. 그것은 상상이 아니라 목격 현상이다. 상상력은 지식과 경험을 재료로 삼는다. 그러므로 책을 읽고 새로운 경험을 하고, 낯선 장소에 가서 낯선 사람을 만나야 한다. 신념이 성장해야 상상력도 성장하기 때문이다.

새로운 지식과 새로운 경험을 쌓는 방법은 두 가지다. '낯선 경험을 하는 것'과 '책을 읽는 것'이다. 낯선 장소에서 낯선 일을 하면 각자 자신만의 특별한 '깨달음'을 얻는다. 20대 때 '많은 경험'을 해 보라는 말이 이 말을 뜻한다. 그게 지금 당장 '돈' 되는 아이디어가 돼주진 않는다. 그래서 소중한 경험을 '시간 때우기'로 보내는 사람도 많다. 그러나 인생의 낯선 경험은 언젠가 '점'이 되어 이어진다. 경험으로 쌓인 지혜가 미래를 번쩍 보여준다. 심지어 그게 남들은 겪지 못한 '상처와 아픔'이더라도 말이다. 새로운 지식과 경험을 하면 새로운 방법을 깨닫고, 새로운 생각을 하게 된다. '이런 식으로도 되는구나!', '아, 이렇게 할 수도 있구나!' 이런 깨달음이 오면 자연스럽게 새로운 상상력이 생긴다. '그럼, 이렇게 하면 되겠네!' 딱딱하게 굳어버린 신념이 유연해지면 뭔가 도전하고 싶고, 변화하고 싶다는 생각이 저절로 든다.

나는 스무 살이 되자마자 칠성사이다 강남역점에서 서울시 강남구에 밀집한 대형 고깃집과 대형 나이트클럽에 병사이다를 공급하는 아르바이트를 두 달간 했었다. 그때 24병 들이 사이다 궤짝 3박스를 등에 지고 계단을 오르내리는 법을 배웠다. '등짐'은 공사판에서 벽돌을 지고 가는 중노동 기술인데, 사이다 배달 아르바이트를 하며 그 기술을 배웠다. 그로부터 18년 뒤 어쩌다 택배기사가 된 나는 자연스럽게 '등짐'의 기술을 사용했다. 그 덕분에 한 번도 허리를 다친 적 없이 4년간의 택배생활을 마무리했다. 잊은 것 같은 경험이 불쑥 튀어나와 삶의 지혜가 된다. 당장 '돈'으로 환산할 수는 없지만 결국 '돈'이 된다.

책은 다른 사람의 경험을 간접적으로 경험할 수 있는 상상의 놀이터다. 삼십대 후반에 사회생활을 시작한 나는 가성비 좋은 지식과 경험이 필요했다. 그래서 책을 선택했다. 사업에 실패하고 아무런 미래도 떠오르지 않았을 때 서점에 가서 한참을 헤맨 날이 있다. 그날 눈에 들어온 책이 고명환의 ≪책 읽고 매출의 신이 되다≫였다. 이런 질 좋은 책을 결제하기 전 엄청 머뭇거렸다. 나중에 돌아보니 돈이 아까워 핑계를 댔을 뿐 이 책을 산 것만큼 잘한 일은 없었다. 책을 다 읽으니 마지막 페이지에 저자가 그동안 읽은 책 목록이 있었다. 그 목록을 보자 갑자기 욕심이 생겼다. 그 목록의 책을 전부 구해 읽었다. 어렵다. 뭔 말인지 모르겠다. 그래도 그냥 읽었다. 분명한 건 그날부터 내 신념이 변했다는 것이다.

다만 책 읽기는 단점이 있다. 내가 얻고 싶은 답을 빨리 찾기가 어렵다. 어떤 책, 어느 면에 내가 원하는 답이 있는지 알 수가 없다. 이런 단점을 극복하려면 최대한 책의 작가가 나와 비슷한 환경에 처한 사람을 찾아야 한다. 가정환경, 경제적 수준, 생각하는 방식, 관심사 등 나와 비슷한데, 내가 가진 문제를 먼저 해결한 사람, 나 역시 여러 번의 시행착오 끝에 그런 사람을 찾았다. 작가와 내가 살아온 길이 너무 다르면 서로를 이해하기 힘들기 때문이다.

특별히 빌 게이츠의 책도 출판사가 잘 팔리도록 유리하게 편집한 것이다. 빌 게이츠의 마이크로소프트가 성공한 이유 중 상당 부분이 부모님의 인간관계와 자본력이었다고 말해주는 책은 별로 없다. 터놓고 말해 빌 게이츠도 학연과 지연의 힘이 상당히 작용한 것이다. 천민 출신의 과거 급제 이야기가 아니라 부유한 기업가 집안의 천재 이야기다. 이 부분을 이해하지 못하고 무작정 나에게 대입하니 빌게이츠의 개인적인 재능만 너무나 크게 보이고 내 주변 환경을 탓하는 모습을 발견했다.

부모님의 경제적 지원을 받을 수 없는 나는 그의 이야기를 더는 나에게 대입하지 않기로 했다. 나는 주로 신앙으로 위기를 이겨낸 인물이나 평범한 사람의 경제적 성공에 관한 책을 읽었다. 책을 고를 때 최대한 자신과 비슷한 경험과 배경을 지닌 작가의 이야기에서 답을 찾는 게 좋다. 미필자의 군대 얘기나 미혼 여성 작가의 자녀교육 책을 읽기 어려운 이유가 이와 같다. 글과 삶이 나와 너무 다른 작가는 결국 이질감을 줄 수밖에 없다.

새로운 지식과 새로운 경험은 상상력의 재료가 되고, 상상력은 신념을 변화시키는 힘이 있다. 신념이 변하지 않으면 '상상력'은 제자리일 뿐이다. 다른 사람의 경험과 지식, 낯선 경험과 성공해 본 체험이 서서히 신념을 변화시킨다. 더 나은 신념, 더 좋은 신념이 생길수록 그 신념이 나를 이끌어 주는 분명한 원동력이 된다.

신념 4. 21세기 성공과 성취는 '기술자'에서 '기획자'로 바뀌었다.

신념은 시대에 따라 변한다. 가치가 시대에 따라 달라지기 때문이다. 출산과 생존이 중요했던 시기에는 '뚱뚱하고 건강한 여인'을 미의 기준으로 삼았다. 그러나 먹을 것이 풍부해지고, 자손이 번성한 지금은 '뚱뚱하고 건강한 여인'을 더는 미의 기준으로 삼지 않는다. '전사'도 마찬가지다. 부족 간 전쟁이 잦았던 시기에는 '전사'가 칭송받았다. 그 당시에는 '평화'를 지키기 위한 폭력과 살인을 지지했다. 그러나 지금은 어떤 이유로도 '폭력과 살인'은 지지를 받지 못한다. '대화와 소통'이 훨씬 존중받는 가치가 되었다. 이처럼 신념은 '시대와 상황'에 따라 달라진다. 그 시대가 요구하는 '가치'에 따라 기초적인 신념이 달라지는 것이다.

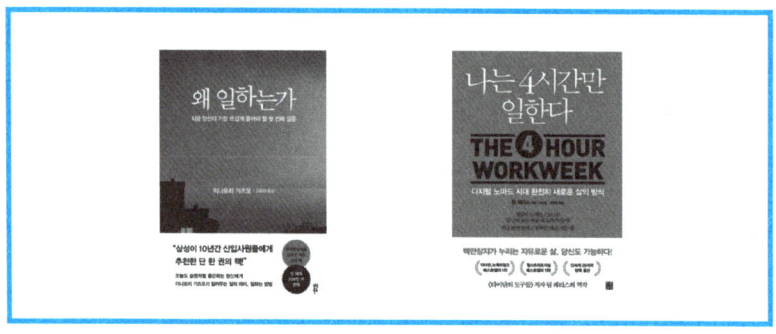

'성공과 성취'도 신념이다. '성공과 성취'도 시대에 따라 달라진다. 본래 '성공과 성취'는 '장인'이라는 말로 대표되었다. 인쇄술이 발달하지 않아 책이 부족하고, 전문가도 많지 않았을 땐 특별한 개인의 힘이 매우 지대했다. 배우고 싶어도 '책'이 없고, 알려고 해도 '자료'가 없으니 '장인'이 곧 선생님이고 브랜드이고 돈이었다. 의술, 장사, 제빵, 구두, 농업, 어업, 예술, 기술 등 분야를 가리지 않았다. 전통적으로 '특출한 개인의 힘'이 매우 중요했다. 가문이나 학파가 있었지만 이는 모두 뛰어난 개인의 힘이 밑바탕이었다. 따라서 '장인'은 부와 명예를 모두 가질 수 있었다. 이 같은 시대적 배경이 성공과 성취에 대한 '신념'을 결정했다. 사람들은 한 가지 기술을 통달하고, '득도'의 경지에 이르는 걸 성공의 중요한 척도로 여겼다. 그래서 그 시절에는 일을 대하는 태도와 진심, 그 일에 관한 전문성, 사명 등의 신념이 강조되었다.

그 대표적인 흔적이 있다. 그림의 왼쪽 책을 보자. 이나모리 가즈오의 ≪왜 일하는가?≫이다. 이나모리 가즈오는 일본 교세라의 창립자이자, 명예회장이다. 그는 1932년생으로 대학 졸업 후 교토의 오래된 제조회사에 취직했다. 제 날짜에 월급 받기도 힘든 회사에서 재료 개발에 참여했고 결국 성공했다. 이를 바탕으로 1959년 스물일곱 살에 자본금 300만 엔으로 교세라를 설립해 세계적인 기업으로 성장시켰다. 이 책의 공식 소개 글에는 이렇게 나와 있다. "○○○이 10년간 신입사원들에게 추천한 단 한 권의 책! 오늘도 습관처럼 출근하는 당신에게 묻는다. 당신은 어떤 일을 하는가? 그 일을 통해 무엇이 되려 하는가?"

이 책은 한 대기업이 신입사원을 교육하는 자료로 사용된다. 기업 쪽에선 매우 중요한 교재라고 할 수 있다. 기업은 전통적으로 '직원'이 '장인'이 되기를 바란다. 직원이 바뀔 때마다 손실이 큰 회사로서는 일관되게 일을 담당할 직원이 필요할 수밖에 없다. 그렇다면 일을 대하는 태도와 신념을 강조해서 꾸준히 그 일을 잘해 내는 '장인'

의 태도를 갖추도록 교육시켜야 한다. 이 책은 그런 면에서 추천할 만하다.

이런 신념은 지금도 우리 사회에 널리 공유되고 있다. 학교교육을 받고 자라난 사람들은 '성공과 성취'의 전통적인 가치관을 흡수한다. '한 가지 일을 꾸준히 해 낸 전문가'가 되는 걸 매우 중요한 성공의 척도로 여긴다. 좋은 회사에 취직하고, 맡겨진 일을 잘 해 내면 '돈과 명예'가 보장되니, 다른 염려를 할 필요가 없다는 신념이 깔려 있다. 오직 '기술' 그 자체를 쌓는 것이 곧 '부와 명예'를 쌓는 것과 동일시된다.

다만 시대가 변하고 있다. 장인이 '부와 명예'를 모두 가져가는 시대는 점차 끝나가고 있다. 특출한 개인이 '가문이나 학파, 대기업'을 만들어 내는 시대도 아니다. 개인에게 맡겨진 일만 잘한다고 무조건 경제적으로 성공하는 것은 아니다. 시대가 달라지고 있다. 사는 방식이 예전과 완전히 달라졌기 때문이다.

이번에는 오른쪽 책을 보자. 팀 페리스의 ≪나는 4시간만 일한다≫이다. 이 사람은 미국 사람으로, 온라인 사업을 성공시킨 인플루언서이다. 이 사람의 성공과 성취는 이나모리 가즈오와는 결이 좀 다르다. 팀 페리스는 스물넷에 캘리포니아로 이주해서 취직했다. 하루 14시간을 일했지만 결국 해고당했다. 이에 굴하지 않고, 직접 회사를 창업해 한 달에 4만 달러의 수입을 올린다. 그러나 여전히 하루 12시간씩 일해야 하는 상황에 처한다. 견디다 못한 그는 일을 줄이는 방식을 고안한다. 하청을 주고, 고객을 추리고, 일을 자동화했다. 그의 회사는 매출 규모로 보면 대기업이나 직원 수는 중소기업에도 못 미친다. 그는 하루 4시간만 일해도 '수입'에 전혀 지장이 없는 삶을 산다고 주장했다. 팀 페리스는 현재 온라인스토어 사업을 기반으로 작가 겸 유튜버로 활동하고 있다. 그의 산업 기반은 '장인'이 아니라 '디지털과 온라인'이다.

시대가 정말로 변하고 있다. 이상하지만 결국 중고등학교를 자퇴하고 검정고시를 치른 사람, 대학을 중퇴하고 사업을 차린 사람들이 세상을 이끌고 있다. 분명한 건 이제는 기술자보다 기획자가 필요한 시대가 되었다는 것이다. 더는 빵을 만드는 '기술'만 중요하지 않다. 빵을 팔더라도 '마케팅, 세일즈, 부동산, 금융, 경영' 같은 새로운 가치를 두루두루 알아야 한다. 여러 가지 생각을 응용하고, 사람들을 연결시키는 기획력이 더 중요해진 시대가 되었다.

이제는 책과 강의, 자료가 이 세상에 넘치도록 많아졌다. 지식이 넘치고 장인이 많아졌다. 수요와 공급의 법칙에 따라 많아지면 가치는 떨어진다. 더는 '장인이 되는 것'이 최고의 가치로 인정받지 못한다. 이미 장인은 많고, 명인이 흔하며, 기술자가 풍부해졌다. 지역이나 나이에 따라 기술의 숙련도가 달라지는 것도 아니다. 더는 '기술' 그 자체를 숙련하는 것이 '중요한 가치'로 인정받지 못한다.

좀 더 정확히 표현하면 '기술'을 가진 사람이 '돈과 명예'를 독점하던 시대가 끝나 간다. '빵'만 잘 만들어서는 '빵'을 팔 수 없다. 마케팅도, 경영도, 디자인도, 부동산, 금융도 다 알아야 한다. '기술자'로는 부족하다. '기획자'가 되어야 한다. 전문가를 연결하고, 지식을 융합하고, 새로운 방법을 모색하는 사람을 원한다. 단순히 '일'을 잘하고 '보수'를 받으며 '장인'이 되는 것으로는 이제 '성공과 성취'를 이룰 수 없다. 기획자 관점에서 자기 일을 대하는 사람이 '돈과 명예'를 가져갈 수 있는 시대가 되었다.

신념 5. '부'에 관한 건강한 신념부터 가져야 한다.

1990년 대 후반, 희대의 탈옥수 신창원 씨가 전국을 해맬 때 전국적으로 신드롬이 일었다. 사람들은 열렬히 '신창원'을 응원했다. 그당시 인터뷰는 지금으로선 이해하기 힘든 수준이었다. "우리 엄마가요, 신창원을 되게 좋아해요!", "돈을 100만 원 남겨놓고 가시더라고요." 신창원은 탈옥하기 전에 이미 '강도 살인' 혐의로 무기징역형을 받은 강력범죄자였다. 2년 6개월간 도망을 다녔는데, 사람들은 그를 지지하고 환호했다.

〈 SBS '꼬리에 꼬리를 무는 이야기'
- 1997년 대한민국을 뒤흔든 사건! 탈옥수 신창원의 이야기 중에서 〉

왜 그랬을까? 조선 왕조 500년 동안 선조 정치인들은 서민들이 경제적으로 넉넉하게 살지 못하게 해 주었기 때문이다. 조선은 경제적으로 매우 가난한 나라였다. 심지어 부정부패도 심각했고, 차별도 굉장히 심한 나라였다. 부자와 정치인은 이 같은 이유로 서민의 존경을 받지 못했다. 그래서 부자의 재산을 **빼앗아** 나눠주는 '의적'(의로운 도적)이 생겼다. '임꺽정'과 '홍길동'이 대표적이다. 법적으로는 강도와 탈취인데 우리나라에서는 영웅 대우를 받는다. 신창원은 거기에 딱 맞는 사람이었다. 부정한 부자를 혼내주는 '의로운 도적' 말이다.

우리나라는 이처럼 '부자, 자본가, 돈'에 부정적이다. 나라 전체가 '돈에 관해 그런 신념'을 지니고 있다. 부자는 '이기심과 욕심'을 앞세워 '부정한 방법'으로 재산을 모았다는 편견 말이다. 나 역시 그렇게 생각했다. 내가 가난하게 태어난 건 '착한 사람의 운명'이라고 믿었다. 그래서 그들의 팔자를 비난하는 게 가난한 나로서는 최선이었다. 평범한 사람들이 '부'에 관한 이야기를 나누면 일단 '부'를 부정하고 비난한다. 앞서도 말했지만, 말은 자기 암시를 주고, 자기 암시는 행동을 결정하고, 행동은 무의식에 다시 박힌다. '부자와 돈'을 적대시하고 공격하는 것 말이다.

지난 몇 천 년간 부자는 '신분'이었다. 모든 사람은 '양반과 천민'으로 태어났다. 그리고 신분은 평생 바꿀 수 없는 뿌리였다. 장영실이 조선 최고의 과학자였어도 언제 죽었는지 알 수 없는 것은 그가 노비 출신이어서 그렇다. 누구의 자식으로 태어났는가로 삶이 결정되었다. 그러나 적어도 지금은 아니다. 신분은 사라졌고, '부'는 개인의 능력에 따라 다른 결과를 얻을 수 있다. 경제 공부를 시작하려면 앞으로 이런 '신념'과 정면으로 부딪혀야 할 것이다.

오늘날의 '부자'는 '신분'에 구애받지 않고 부를 이룰 수 있다. 먹고 사는 데 충분한 돈, 돈을 버는 데 충분한 실력, 사업이나 자산을 소유한 사람을 '부자'라고 말한다. 이들이 가장 많은 세금을 내고 있다. 이게 단지 개인의 욕심과 부정을 위해 일어나는 일이라 생각하는 건 크나큰 신념의 오류다.

또한 부자는 '신분'으로 물려받은 공짜를 의미하지 않는다. 즉, 부자는 노력한 만큼 그 대가를 보장받는 것이다. 은퇴 걱정이 없도록 연금을 준비하거나 사고 걱정 없도록 보험을 드는 것, 건강을 크게 해쳐도 소득이 나오는 구조, 연금이나 증권, 부동산 원자재, 주식이나 사업 지분 등으로 소득을 늘리고, 시간을 확보하는 것을 목표로 삼는다. 그래서 현대적인 부자는 매우 다양한 모습으로 나타난다. 성장 가능성이 있는 주식을 몇 십 년 동안 사서 배당소득으로 경제적 자유를 이룬 택시기사나 온라인 사업으로 경제적 자유를 이룬 30대 사업가, SNS로 인플루언서가 된 20대, 아파트 투자로 부자가 된 직장인 등 다양한 형태로 '경제적 자유'자가 생겨났다.

'경제적 자유'를 이룬 사람들에게 중요한 신념을 꼽는다면 역시 '노력과 실력'이다. 부는 '노력과 실력'에서 나온다. 이게 부자를 바라보는 건강한 신념이다. 이런 신념이 있어야 '노력과 실력'으로 경제적인 자립도 이룰 수 있다. 누구 하나 손쉽게 돈을 버는 사람이 없고, 돈을 버는 데 타고난 사람도 없다. 모두가 각자의 어려움을 갖고 있고, 그 어려움을 극복하기 위해 '노력'한다. '실력'은 노력으로 가질 수 있다. '돈'은 실력을 따라간다.

'부자'를 어떻게 바라보고 어떻게 믿을지는 본인이 결정한다. 단, 누군가의 성공이 그저 '운'이라고 생각하면 배 아프고 질투할 일만 남는다. 그러나 누군가의 성공이 '노력과 시도'의 결과물이라 믿는다면 나 역시 노력하고 시도한다. 그래서 '부자'는 타고난 운의 결과가 아니라 '노력하여 쌓은 실력'의 결과라고 믿는 것이 우선이다. 정말로 경제 공부를 시작하려 한다면 먼저 신념부터 바꿔야 한다.

택배기사 된 목사의
생존경제학

제3장 What '지식'
"돈은 무엇인가?"
금융지식이 곧 경제수준이다.

what

제3장 What '지식'
"돈은 무엇인가?" 금융지식이 곧 경제 수준이다.

학교에선 '경제'를 가르치지 않는다.

"공부 열심히 해라. 그래야 훌륭한 사람이 된다." 학교 다니며 영어로도 외웠다. "Study hard, And you will succeed." 지금도 자동으로 튀어나온다. '공부를 열심히 하면 훌륭한 사람이 되고 성공한다?' 12년간 학교를 다니며 귀에 못이 박히도록 들었다. 중간에 학교를 그만둔 이단아들은 특별하거나 특이하니까 제외하고, 우리들만의 리그는 초등학교 6년, 중학교 3년, 고등학교 3년 등 12년간 계속된다. 공부를 열심히 하지 않아도 학교에 머물러 있어야 한다. 학교에 몸담고 있는 학생은 '훌륭하고 성공할 가능성'을 지닌 상태다. 최소한 평범한 사람이라도 되려면 일단 학교라도 열심히 다녀야 한다. 누구도 이의를 제기하지 않는 문장인데, 사진작업실이 실패하자 나는 강한 의심이 들었다. 이제 누군가는 조금 다른 이야기를 해 줘야 한다. 정말 학교에서 배운 대로 공부 열심히 하면 성공하고, 훌륭한 사람이 될까?

학교는 학교대로 원하는 게 있다. 학교는 '직원'을 원한다. 학교가 어떻게 생겨났는지 살펴보면 학교의 바람을 정확히 알 수 있다. 1800년대 후반, 그 누군가가 '일을 좀 빨리 해낼 방법이 없을까' 고민했다. 나가 놀고 싶어도 할 일이 너무 많았다. 농사짓고 밥 하고 설거지만 해도 하루 종일이다. 근데 남은 시간 옷도 만들어야 한다. 그래서 누군가 '기계'를 개발했다. 불을 때서 수증기의 압력으로 돌아가는 기계 말이다. 기계를 돌리고, 사람들을 각각 자리에 앉힌다. '너는 이것만 해. 너는 저것만 해!' 각자에게 주어진 일만 하도록 했다. 결과는 말 그대로 대박, 혁명이었다. 낮이든 밤이든 불이 꺼지지 않는 창고, 즉 공장이 생긴 것이다.

그런데 문제가 하나 생겼다. 당시만 해도 '노동자 보호법'이라는 게 없었다. 말귀 알아들을 나이면 곧바로 공장에 나갈 수 있었다. 그러니 어린이니, 어른이니, 노인이니 할 것 없이 다 공장으로 모여들었다. 많은 사람이 모여 많은 옷이 만들어지는 만큼 사건 사고도 많아졌다. 기계에 팔다리가 잘리는 사람도 수두룩했다. 여담이지만 우리 아버지도 어릴 적에 공장에서 발뒤꿈치를 20cm가량 잘리는 사고를 당해 봉합수술을 했다. 아버지 발뒤꿈치에는 칼자국이 아직도 선명하다. 50년 전에는 수술이라도 가능했으니 다행이지만, 그 당시에는 불가능했다.

그럼에도 그 당시에는 '사람을 잡아먹는 기계'를 멈추자는 사람이 아무도 없었다. 팔 하나 잘린 아이는 집으로 돌려보내면 되지만, 기계가 멈추면 돈을 벌지 못하기 때문이다. 그런 일이 지속되자 한 사람이 제안했다. "이러지 말고 공장에서 어떻게 행동할지 좀 가르치자고요." 기계를 어떻게 사용할지, 어떻게 하면 공장에서 다치지 않을지, 공장에서 하면 안 되는 행동이 무엇인지 가르치기 시작했다. 마침내 공장에 출근하기 전 '공장을 배우는 곳'이 생겼다. 이게 우리가 다니는 학교다.

오래전부터 학교는 일관되게 원했다. 학교는 우리가 '좋은 직원'이 되길 바란다. 그래서 학교는 좋은 직원이 되는 법을 가르친다. 학교는 우리에게 맡은 역할을 잘 수행하고, 사고가 나지 않는 법을 가르쳐 준다. 그러므로 "공부 열심히 해라. 훌륭한 사람 된다"라는 말은 조금 다른 뜻을 품고 있다. "공부 열심히 해라. 그러면 훌륭한 직원이 된다." 학교는 학교의 바람대로 우리가 '훌륭한 직원'이 되길 원한다. 그래서 학교는 '공장(회사)에서 하게 될 역할'을 가르친다. 이 모든 것은 '공장, 직장, 회사'에 가기 전 '사전 교육', 즉 취업 준비 교육이다.

무엇을 배우는지 따져보지 않고, 무작정 공부만 열심히 하면 훌륭한 직원이 된다. 그러므로 취직에 실패하고 사회로 나오면 앞으로 사회를 어떻게 살아가야 할지 전혀 감도 잡지 못한다. 직원이 되는 법만 배웠기 때문이다. 나 역시 교회를 그만두자 어떻게 살아가야 할지 전혀 감을 잡지 못했다. 실상 '사장'이 되는 교육이나 경제교육은 한 번도 받아보지 못했기 때문이다. 학교에선 '돈'과 '경제'를 가르쳐주지 않는다. 어떻게 계약하고 어떻게 사업하는지 전혀 가르쳐 주질 않는다. 지금 학교에서 가장 시급한 교육은 경제교육이다. '경제',

'화폐', '세금', '사업', '부동산 등기', '주식', '상가' 등 필수 금융 교육이 필요하다. 그렇다면 학교 밖에서 만나는 실물 경제를 이야기해 보자.

돈도 발명품이다.

미국은 세계 2대 발명품의 나라다. 바로 전화기와 달러다. 먼저 전화기 얘기부터 해 보자. 전화기가 미국의 발명품이라는 건 누구나 안다. 그런데 스마트폰도 전화기라고 하면 이제 의견이 좀 갈릴 것이다. 오래전 미국의 한 신문기사 내용이다. 스마트폰의 통화버튼(수화기 모양)을 초등학생들에게 보여주면서, 이 그림의 뜻을 물었다. 그러자 절반 정도의 학생들이 "이게 뭔데요?"라고 되물었다. 모른다고 답한 학생이 50%에 육박했다. 기자는 모른다고 대답한 초등학생들을 대상으로 "전화기를 그려 달라!"라고 부탁했다. 그러자 스마트폰 모양의 '네모'를 그려서 제출했다.

현재 학생들과 어른들은 '전화기'라는 같은 물건으로 바라보지만, 서로 다른 생각을 한다. 초등학생들은 스마트폰으로 생각하지만 어른들은 '전화기'부터 생각한다. 이런 식의 차이는 내가 어릴 때도 있었다. 내가 어릴 땐 '휴대폰'이 막 개발되던 시기였다. 그래서 나의 아버지 세대는 전화기를 표현하면 '다이얼'을 동그라미 모양으로 돌리는 시늉을 했다. 하지만 그 당시 전화기는 차에서 사용하는 카폰이나 걸어 다니면서 이용하는 휴대폰 형태로 변화하고 있었다. 그때는 최신식이라고 자랑했던 것들인데, 지금 돌이켜보면 또 구식 중의 구식이 되었다.

'전화하는 기계'를 통틀어 '전화기'라고 말하고 있지만, 실상 완전히 다른 '물건'이 이름만 같을 뿐이다. 서로 다른 모양에 다른 느낌, 다른 사용법 등 이 전과는 완전히 다른 '물품'이다. 하지만 이 모두를 '전화기'라고 부른다. 어떤 발명품은 딱 한 번에 영구적인 완성품으로 만들어지기도 하지만 전화기는 그렇지 않다. 이렇게 되자 같은 '전화기'를 보고도 서로 다른 생각을 하고, 서로 다른 '전화기'를 보고도 같은 생각을 하는 일이 발생했다. 분명한 것은 나중에 나온 전화기는 이전 전화기와 '모양과 사용법'이 완전히 다르다는 점이다.

인간은 이 같은 변화에 적응해야 한다. 만약 적응하지 못하면 사용하지 못한다. 돈도 마찬가지이다. 돈도 사용법을 배워야 한다. 왜냐하면 돈도 지속적으로 개발되고 있는 발명품이기 때문이다. 전화기는 겨우 150년 전에 발명되었지만, '돈'은 인류문명에 맞먹는 시간에 개발되어 왔다. '돈'은 계속해서 모양과 기능이 달라지고 있다.

어떤 이는 "'돈'을 사용하는 법은 유치원생도 아는 건데, '돈'을 사용하는 법을 굳이 배워야 하는가?"라고 반문할 것이다. '돈'이 더는 변화가 없는 발명품이라면 돈을 사용하는 법을 배울 필요가 없다. 하지만 돈은 계속해서 달라지고 있다. 그러므로 '돈'을 사용하는 새 '방식'을 꼭 배워야만 한다.

'달러'는 돈의 역사상 다섯 번째 발명품이다.

미국의 '달러'는 발명품이다. 전화기 하면 '삼성'이나 '애플'을 떠올리듯 돈 하면 달러를 생각하는 식이다. 또한 세계의 모든 '화폐' 관련 금융시스템은 미국의 '달러'를 그대로 모방한 복제품이다. 우리나라 돈인 '원화'도 그렇다. 돈은 역사상 4번의 혁신이 있었고, '달러'는 돈의 다섯 번째 발명품이다. 다만 '혁신'이라기보다 '사고'로 태어났다고 하는 게 더 정확하다. 전 세계가 무역에서 '달러'를 사용하고, 각 나라의 화폐를 '달러시스템'으로 독자 발행해 사용하고 있다. 다음 표에서 정리한 돈의 역사를 살펴보자.

〈정리한 돈의 역사〉

돈 1.0에서 5.0까지
(계기 → 발명)

돈 1.0	물물교환 시대 맞교환이 늘 힘듦 (마음이 맞지 않거나 품목이 맞지 않음. 자유로운 교환이 필요함) → 최초의 돈 '조개껍데기' 발명
돈 2.0	'조개껍데기는 위조가 쉬움' (바닷가에 가서 주워오면 돈이 됨. 일을 안 하고 바다에 돈 주우러 감) → 갖가지 버전의 돈이 개발됨(토판, 동전, 쇠, 구리, 상평통보 등)
돈 3.0	'나라마다 서로 다른 돈을 쓰니, 국제 무역이 불편함' → '금, 은'이 돈의 국제 표준으로 인정됨
돈 4.0	'금과 은은 무거워 운반비가 많이 듦' → 금과 은을 별도로 보관하고 받은 보관증서가 돈이 됨 (최초의 종이돈은 영국의 '파운드')
돈 5.0	1971년 미국이 '금 없어. 몰라' 선언 → '돈 5.0 시대' 시작

〈1971년 이전 지폐에는 'GOLD'(금)가 보인다.〉

〈금을 교환해 준다는 말이 빠져버린 1971년 이후 지폐〉

돈 5.0 달러의 시대

일본이 1941년에서 1945년까지 미국의 '하와이'를 공격해 '태평양 전쟁'이 일어났다. 미국은 엄청난 충격을 받았다. 동양인이 싸움을 걸었다는 이유였다. 미국이 얼마나 화가 났던지, 1940년 970억 달러 수준의 경제가 1943년 1,900억 달러로 불과 3년 만에 경제가 2배 성장했다. 항공모함, 전투기, 총기류를 닥치는 대로 만든 결과였다. 미국은 결국 이 전쟁에서 이겼다. 그리고 나서 미국은 세계 최고의 경제대국이 되었다.

미국은 "세계의 금 대부분을 미국이 가지고 있으니 이제부터 미국 돈(달러)'으로 국제무역을 하자"라며 "만약 금이 필요하면 언제든지 돌려주겠다!"라고 제안했다. 이른바 '브레튼우즈협정'이다. 금은 미국은행이 보관하고 있으니, 금 교환증서로서 '달러'를 사용하자는 것이다. 유럽도 도움을 받았고, 일본도 이겼으니 눈치를 보던 모든 나라는 그렇게 합의했다. 그때부터 미국 돈 '달러'가 금이 되었다.

그런데 결정적인 사건은 그로부터 약 30년 뒤에 일어났다. 어찌된 일인지 실제로 미국 은행이 가지고 있는 금의 양보다 종이화폐로 발행된 달러가 더 많아진 것이다. 이 사실을 알아차린 사람이면 즉시 은행에 가서 '금'을 돌려 달라고 할 것이다. 왜냐하면 나중에 갔다간 금을 돌려받지 못하고 '달러'라는 종이만 남기 때문이다.

프랑스는 발 빠르게 나섰다. '달러'를 모두 반납할 테니 '금'을 돌려 달라고 했다. 그러자 미국은 "금 없어. 몰라!"라고 선언하고, 브레튼

우즈협정 체제를 일방적으로 종료했다. 1971년 세계적인 약속이 깨졌다. 화폐 역사상 처음으로 일종의 '사고'에 따라 새로운 개념의 돈이 태어난 것이다. '금'으로 바꿔주지 않는 종이, 지금 전 세계가 쓰는 달러가 그것이다.

어째서 이런 일이 발생한 것일까? 미국은 일본을 이겨야겠다는 투쟁심에 불타 실제로 가지고 있던 금보다 더 많은 '달러'를 발행했다. 가지고 있는 금보다 더 많은 달러를 찍어낸 것이다. 문제는 미국 정부가 직접 만들었으니 '합법적 위조지폐'가 만들어진 격이었다. 매우 이상한 일이 발생했다. 돈은 돈인데 진짜는 아니고, 그렇다고 가짜도 아닌 '돈', 즉 '합법적 위조지폐'가 만들어졌다. 미국은 이 돈으로 '항공모함, 전투기, 총기류'를 만들어서 전쟁에서 이긴 것이다.

본래 돈 4.0 시대에는 금이 돈이었다. 설사 종이로 거래를 했다 하더라도 실제로는 금을 직접 운반하기 어려워서 '금 보관증서'를 만든 것이다. 그래서 1971년까지 발행된 미국의 달러에는 "35달러당 1트로이온스(31.1그램)로 교환해 드립니다"라는 문구가 적혀 있었다. 이걸 금본위제 화폐, 즉 '금 보관증서'로서 화폐라고 했다.

그런데 미국이 1971년부터 금 교환을 거부한 이후 달러에서 "금을 교환해 준다"라는 문구가 갑자기 사라졌다. 이 사태로 돈 5.0 시대가 강제로 시작되었다. 지금 전 세계가 사용하는 돈은 화폐 역사상 다섯 번째로 발명된 돈 5.0 화폐, 즉 '종이'이다.

〈돈 5.0 시대 화폐의 특징〉

	돈 4.0	돈 5.0
기 준	1971년 이전	1971년 이후
돈의 모양	금	달러(종이)
돈의 특징	돈의 가치가 고정됨 - 금 생산량만큼 종이돈 존재	인플레이션 돈의 가치가 지속적으로 떨어짐 - 종이돈은 얼마든지 대출이 가능함
돈이 불어나는 방식	쌓인다. - 금을 모으면 재산	녹는다. - 종이돈은 무한 대출이 일어남
돈을 태하는 태도	노력 × 저축 돈을 번다.	시간 × 금리(이자율) × 교환 돈을 만든다.
중요한 가치	돈 그 자체	'금리', '시간', '교환'
부의 축적 방법	노력으로 '금'을 쌓아 모은다.	시간을 아끼고, 수익률 높은 교환으로 이익을 추구한다.
관 심 사	돈이 될 일인가?	돈을 지키는 방법은 무엇일까?

돈 5.0 시대를 사는 우리 모두에게 닥친 5가지 문제

돈을 4.0 금으로 생각하는 사람들	돈을 5.0 지폐라고 생각하는 사람들
1. 돈은 유한하다. 　→ 돈은 금이기 때문이다. 2. 물건의 가격 오른다. 　→ 개인의 이기심 때문이다. 3. 돈은 차곡차곡 쌓아 모은다. 　→ 적금이 가장 안전하다. 4. 돈이 곧 재산이다. 　→ 돈이 곧 금이기 때문이다. 5. 돈을 열심히 모은다. 　→ 그래야 부자가 된다.	1. 돈은 무한하다. 　→ 돈은 그저 찍어내는 복사용지이기 때문에 그렇다. 2. 금은 그대로이다. 　→ 금은 실물이다. 3. 돈과 금은 '시세'대로 교환한다. 　→ 종이 화폐의 총량은 계속 늘어나는데, 금 생산량은 쫓아가지 못한다. 4. 금을 사려면 매년 더 많은 돈이 든다. 　→ 시세가 오른다. 5. 돈은 무한히 찍어내고, 금은 천천히 늘어난다. 　→ 물가가 오르는 동시에 돈의 가치는 떨어진다. 6. 돈을 손에 쥐고 있으면 돈이 녹는다. 　→ 돈을 가지고 가만히 있어도 돈 가치가 떨어지는 건 막을 수 없다. 7. 돈을 모으는 게 더는 재산을 모으는 게 아니다. 8. 그럼 어떻게 해야 내 돈을 지킬 수 있을까? 9. 방법은 2가지이다. 물가가 오르는 속도보다 돈을 더 빨리 번다. 　→ 사업 매년 가격이 오르는 물건을 사 두었다가 충분히 오르면 판다. 　→ 투자

돈은 인간이 만든 발명품이다. 다만 지금까지 '완벽한 형태'로 발명된 적이 없다. 이번 돈 5.0은 어떤 문제를 내포하고 있을까? 다음의 다섯 가지 문제를 확인해보자.

1) 같은 돈을 바라보고, 서로 다른 생각을 한다.

같은 시대를 사는 사람들이 같은 '돈'을 바라보며, 서로 완전히 다른 생각을 하는데, 이게 내 가족이 아닌 법도 없다. 한쪽은 돈 4.0 시대에 따라 종이돈을 보며 '금'을 생각하지만, 한쪽은 돈 5.0 시대에 따라 종이돈을 보며 '인플레이션'을 생각한다. 한가족 안에서도 서로 다른 관점 때문에 다툼이 일어날 수 있고, 심지어 부부 사이에서도 서로 다른 관점으로 다툼이 발생할 수 있다.

돈을 보는 관점이 다르면 경제적으로 어떤 전략을 취할지 그 방향도 달라진다. 적금으로 차곡차곡 모아 집을 사려는 사람에게는 주택담보대출로 집을 마련하겠다는 말이 얼마나 비현실적인 말로 들리는지 모른다. 돈에 관한 지식이 완전히 다른 것이다. 그러므로 경제공부를 모두가 같이 하지 않으면 함께 미래를 설계하기 어려운 시대가 되었다.

특히 부모세대 간 관점 차이가 상당하다. 돈 4.0 금의 시대는 몇 백 년간 이어졌다. 반면에 돈 5.0 시대는 겨우 50년 되었다. 여전히 우리 부모세대는 '돈'을 '금'이라 여기고, 오직 좋은 직장에 취직하고 '적금' 드는 게 최선이라고 여긴다. '경제'를 생각할 필요 없이 그저 착실하고 성실하게 사는 것만 강조한다.

그렇다고 지금의 화폐체제에서 뚜렷한 해결 방안이 나온 것도 아니다. 임금 상승 속도는 예전과 다르고, 지금의 물가도 그때와는 분명히 다르다. 심지어 전 세계는 금융위기, 금융사고 같은 한 번도 겪어보지 않은 경험을 하고 있다. 상황과 조건은 완전히 달라졌지만, 모두 답을 찾아가고 있는 과정이다.

다만 이런 배경적 여건을 서로 해명할 길 없이 각자의 관점에서 '경제'를 해석하고 미래를 결정하면 관점의 차이로 부모세대 간 갈등이 생긴다. 분명한 건 지금 사용하는 '돈'은 부모세대가 사용하는 '돈'과 완전히 다른 돈이라는 것이다. 특히 우리나라는 금융지능이 OECD 회원국 중 최하위이다. 새로운 경제지식을 받아들이기에는 너무나 큰 신념이 서로의 소통을 방해하고 있다. 한쪽은 완벽히 돈 4.0으로 이해하고, 한쪽은 이제 막 돈 5.0을 이해했으니 말이다.

2) 종이돈은 대출의 한계가 없다(돈 가치는 떨어진다).

은행은 국가에서 정한 비율에 따라 가진 돈의 7% 정도를 제외한 나머지 돈을 전부 대출해 줄 수 있다. 미국 정부가 이미 '금'과 상관없이 종이돈을 만들 수 있다고 알려 주었다. 은행 계좌에는 100만 원이 찍힌 상태에서 실물지폐를 빌려주면 상대방 계좌에는 갑자기 '93만 원'이 생기는 놀라운 일이 일어난다. 분명 은행 계좌에 100만 원이 있다고 되어 있는데, 상대방 계좌에 93만 원이 찍혔으니, 은행 돈이 총 193만 원이 된 격이다. 각각의 은행은 이런 식으로 가진 돈의 93%에서 최대 100%까지 대출을 실행할 수 있다. 은행이 대출을 실행하면 대출 원금뿐만 아니라, '이자'도 발생한다. 대출로 발생한 '원금+이자'로 이 세상에 없던 돈이 태어난다. 심지어 93만 원을 빌린 사람이 다시 그 돈을 빌려 줄 수도 있고, 그 돈을 빌린 사람이 또 빌려 줄 수도 있다. 돈이 돈을 낳고, 돈이 돈을 낳는다. 이론상 이런 식으로 대출은 무한 반복이 가능하다. 전국의 모든 은행과 전 세계의 모든 은행이 이렇게 대출해 준다고 상상해 보자. 매일 셀 수 없는 '종이돈'이 만들어지는 것이다.

그럼 물가가 왜 오를까? 이 세상에 존재하는 종이돈의 총량이 하루에도 엄청나게 늘어나고 있기 때문이다. 어떤 물건이건 많아지면 싸진다. 돈도 마찬가지이다. 돈을 받고 물건을 파는 관점에서 어제보다 종이돈의 양이 더 많아졌는데, 어제와 같은 양의 지폐만 받을 수는 없지 않은가. 경제는 '이기심'으로 움직이지, '이타심'으로 움직이지는 않는다. 돈의 양이 늘어나면 돈을 더 받아서 만회하려고 한다. 돈의 가치가 떨어졌다는 뜻이다. 이처럼 돈의 가치가 자연스럽게 떨어지는 현상을 인플레이션이라 한다.

3) 종이돈의 가치가 떨어지는 농시에 물건 값이 오른다.

종이돈의 가치가 자연스럽게 떨어지는 동시에 물건 값이 오른다 '종이돈'을 그냥 가지고 있다는 사실만으로 이중으로 손해를 입는 것이다. 돈을 쓰지 않고 갖고만 있어도 '손해'를 본다? 돈 가치가 떨어짐과 동시에 물건의 가격이 오르고 있기 때문이다. 내가 사랑하는 새우깡은 초등학교 시절 50원에서 100원으로 오르고 있었다. 지금은 같은 양이 1,600원을 넘어가고 있다. 양도 그대로이고 맛도 그대로인데, 어쩐 일인지 가격만 오르고 있다.

이런 원리로 생각해 보면 다시 한번 생각해 봐야 하는 제도가 있다. 우리나라에서만 사용하는 '전세제도'이다. 전세제도는 목돈을 맡기고 부동산을 임차해 사용하는 방식이다. 그런데 이런 방식은 현재의 화폐제도에서 매우 불리한 방식이라고 할 수 있다. 목돈을 맡겼다가 2년 뒤 혹은 4년 뒤에 돌려받는다. 전세금을 다시 돌려받을 때는 이전에 '살 수 있는 양'의 물건을 살 수 없다.

즉, 표면적으로 같은 돈을 돌려받지만, 돈의 가치가 떨어져 손해를 본다. 물론 맡긴 돈을 그대로 받은 건 맞지만, 그건 돈 4.0 시대에만 가능했다. 지금은 돈 5.0 시대이다. 어제의 돈은 오늘보다 비싸다. 오늘의 돈은 당연히 내일보다 비싸다. 이런 현상도 인플레이션의 특징 중 하나인데, 시간이 지나면 같은 돈으로 살 수 있는 실질구매력이 떨어지기 때문이다. 돈은 매일 싸지고, 물건 값은 매일 오른다.

4) 임금이 오르는 속도가 더딜 수밖에 없다.
현재 돈 5.0 화폐의 가장 큰 문제점이 '임금'이다. 물가는 오르는데 임금은 오르지 않는다고 난리다. 제발 임금 좀 올랐으면 좋겠다. 그런데 임금이 오르면 화폐 가치가 더 빠르게 떨어진다. 그러면 동시에 물가도 더 빠르게 오른다. 이게 결정적인 문제이다. 임금이 올라가면 상품을 만드는 원자재 비용이 늘어나므로 물가는 당연히 올라간다. 그래서 최저임금을 올릴 때마다 국가에서 그렇게 주저하는 것이다.

'임금'을 충분히 받지 못하는 사람들을 생각하면 당장 '임금'을 올려줘야 하지만, 지금처럼 돈 5.0 화폐 제도에선 '임금'을 올리는 동시에 '물가'도 올라가게 되어 있다. 국민은 물가가 올라가는 걸 극도로 두려워한다. 이런 국민의 마음을 국가에서 너무나 잘 알고 있다. 그러므로 '물가' 상승을 억제하려는 정부 쪽에서는 이쪽 편도 저쪽 편도 들 수 없는 난처한 상황이 되는 것이다.

  5) '임금'만으론 절대로 '재산'을 모을 수 없다.

  돈 4.0 시대에는 돈이 곧 금이었다. 차곡차곡 모아서 그만한 양의 금으로 바꿔오면 됐다. 돈이 곧 재산이고 재산이 곧 돈이었다. 그러나 돈 5.0 시대에는 이런 식으로 돈을 모을 수 없다. 정말로 슬픈 이야기지만, 위의 네 가지 사실을 종합하면 이런 결론이 나온다. '돈 5.0시대는 아무리 열심히 일을 해도 임금만으로 '재산'을 모을 수 없다.' 일을 열심히 한다? 그러나 임금은 더디 오른다. 적금을 열심히 한다? 그러나 돈 가치는 하락한다. 집을 사기 위해 돈을 열심히 모았다? 그러나 그 동안 물가는 더 오른다. 여기서 말하는 물가란 우유, 빵, 고기 등의 소비자 물가뿐만 아니라 부동산 가격, 원자재 가격, 유무형의 상품과 서비스 일체를 말한다. 모든 가격이 기다려 주지 않는다.

고장 난 화폐, 어떻게 해야 내 재산을 지킬 수 있을까?

돈 5.0 시대를 살아가는 모든 사람에게 주어진 문제가 있다. 인플레이션이다. 시간이 지나면 돈의 가치가 떨어지고, 물건의 가격은 올라간다. 사실 이런 표현은 굉장히 우아하고 완곡한 표현에 불과하다. ≪10배의 법칙≫의 저자 그랜트 카돈은 지금의 화폐를 가리켜 '쓰레기'라는 표현을 서슴없이 한다. '가짜 돈', '고장 난 화폐', '휴지조각' 등 이미 많은 경제학자가 이 문제를 지적하고 있다. 인류 역사상 '조개껍데기'를 화폐로 사용하던 시절만큼 돈이 '신뢰'를 잃어버린 것이다.

실제로 2022년 카타르월드컵에서 우승한 아르헨티나는 우승의 기쁨도 잠시, 엄청난 고통에 시달리고 있다. 물가상승률이 70%에 육박하고 있는 것이다. 1.7배로 물가가 오르고 있다. 하루 임금을 받아 하루 먹고 사는 서민은 이겨낼 재간이 없다. 베네수엘라 같은 경우에는 '하이퍼인플레이션'이다. 어려운 용어를 쓰니 고통이 느껴지지 않는다. 하루아침에 모든 돈이 '휴지조각'이 되었다는 뜻이다.

돈의 역사에서 보듯 역사상 모든 화폐는 각각의 문제점을 안고 있었다. 이번 돈 5.0 화폐의 문제는 인플레이션이다. 국가에서는 종이돈의 가치가 하락하는 것을 막으려고 '금리'를 올렸다 내렸다 하면서 화폐시장을 통제한다. 금리를 올리면 종이돈의 총량을 줄여 화폐 가치를 올리고, 금리를 내리면 화폐 가치가 내려가는 현상이 나타난다. 그러나 그와 상관없이 종이돈의 양은 계속해서 늘어가기 때문에 시간이 지나면 돈의 가치가 꾸준히 하락한다. 인플레이션 현상에 따라 '절대로 돈 가치를 지킬 수 없는 문제가 발생한다'. 그래서 국가든, 기업이든, 개인이든 항상 이 문제를 염두하고 경제활동을 해야 한다. 그래서 모든 고민은 하나로 통한다. '고장 난 화폐 돈 5.0 시대에 나는 어떻게 해야 내 재산을 지킬 수 있을까?' 이건 비단 아르헨티나나 베네수엘라 같은 나라의 문제가 아니다. 미국의 달러 시스템을 본떠 만든 대한민국 원화(₩)도 똑같이 직면한 문제이다.

지식 1. 일의 종류와 소득의 종류

〈국세청 기준 4대 수입 유형〉

일용직, 직장인	자영업자	사업가, 투자자	자본가
노동소득 (Active income)	→	→	
	시스템소득 (Passive income)	→	→
		투자소득 (Investing/Trading)	→
			자본소득 (Capital)

국세청은 프리랜서, 직장인, 개인사업자, 법인사업자 등 네 가지 '소득 유형'에 따라 서로 다른 소득세를 부과한다. 유사한 소득 유형끼리 묶은 뒤 소득 유형에 따라 서로 다른 소득세율을 적용하는 방식이다. 최대한 합리적 기준으로 국민을 대하려는 국가 차원에서 구분한 것이기에 상당히 설득력 있는 구분이다. 이 4대 소득 유형을 근거로 소득계층을 구분하면 다음과 같은 네 가지 부류가 나온다. 첫째, 일용직과 직장인. 둘째, 자영업자. 셋째, 사업가와 투자자. 넷째, 자본가. 이를 근거로 살펴보면 자신의 소득이 어떤 방식에서 발생하는지 알 수 있다.

1) 모든 노동자는 시간을 판다.
- 일용직, 직장인의 노동소득

모든 노동자는 '시간'을 판다. 노동이 신성하다는 전통적인 사고만으로 '경제지식'을 이해하려 해선 안 된다. 경제활동에서는 인간의 노동력도 하나의 상품이고 서비스이다. 개인 간 몸값의 차이는 있을 지언정 그 판매 단위가 '시간'이라는 점에서 동일하다. '시급', '월급', '연봉'은 인간의 노동력을 '시간' 단위로 분류한 것이다. 그러므로 '열심히 일하는 것'과 '돈을 많이 버는 것'은 서로 다른 개념이다. 어떤 일이든 '열심히 해야 한다'. 그러나 열심히 한다고 무한정 소득이 늘어나지는 않는다. '돈'을 많이 벌려면 일하는 형태를 바꿔야 한다.

다만 우리는 그동안 학교에서 '돈'을 더 많이 버는 방식에는 자기 몸값을 높이는 방법만 있다고 배웠다. 하지만 자기 몸을 대신할 다른 시스템을 마련하지 않으면 오직 시간을 팔아야 소득이 발생한다. 시간은 하루 24시간, 1년 365일로 고정되어 있다.

2) 자기가 만든 '도구'로 돈을 번다.
- 자영업자, 사업가의 시스템소득

산업혁명으로 '기계'가 만들어진 뒤에는 공장이 생기고 사업이 시작되었다. 인간이 '두 손'만 가지고 일을 할 때와 달리 '시간'의 한계를 벗어나도록 해 주었다. '도구와 기계' 그리고 '노동력'으로 소득 활동을 하는 것을 자영업 또는 사업이라고 한다. 시스템 소득을 가장 잘 표현하는 말이 '자판기'이다. 기계와 도구를 가지고 '판매 기계'를 만들면 자동판매기가 된다. 시간의 한계를 넘어서는 방식이다. 사업, 음식점, 노래방, 당구장, 무인커피숍, 무인아이스크림점, 무인문방구점 등은 자동판매기의 다른 모습이다. 지금 가장 각광받는 사업이 '유튜브'인 것도 그렇다. 도구와 기계로 일을 하는 방식이기 때문이다.

예를 들면 '1,000명의 노동력(삽 1,000자루) = 기계 1대(굴착기 1대)'라는 공식이 성립된다. 따라서 공사판에서 삽을 들고 '노동'하는 사람보다 굴착기 운전자격증을 딴 기사가 더 많은 수입을 가져간다. 몸값을 올린 것이다. 그러나 굴착기 운전기사보다 굴착기 여러 대를 보유한 사업가가 더 많은 수입을 가져간다. 자기 시간을 파는 것에서 도구와 기계를 다루는 것으로 소득 방식을 바꾼 것이다.

3) 기술 개발, 사업 매각, 가치 투자로 돈을 번다.
 - 사업가, 투자자의 투자소득

이 세상에 없었던 새로운 가치를 만들어 내거나 기술을 개발하는 데 먼저 자기 돈을 투자한다. 예를 들어 토지를 사서 개발한다거나, 새로운 회사에 연구원을 모아 발명품을 만들어 특허를 낸다거나, 벤처기업에 투자해서 급성장한 뒤 매각하거나, 기존의 사업체를 프랜차이즈화하는 식이다. 가치 창출, 사업 매각, 기술 개발 등으로 세상에 없었던 '가치 있는 것'을 만들기 위해 먼저 자신의 돈을 투자하여 생긴 소득을 말한다.

4) 가지고만 있어도 돈을 번다.
 - 자본가의 자본소득

갖고 있기만 해도 돈을 버는 것이 있다. 수익형 부동산, 토지, 원자재, 사업체 지분, 금융, 기술, 주식 배당금, 연금, 부동산 임대료, 채권과 지분, 이자소득 등이다. 소유권만으로 소득이 발생하는 것을 '자본'이라고 한다. 주로 부동산은 '임대'를 통해 수익을 얻으며, 토지 개발이나 건축을 통해 가치를 올린 뒤 매각하기도 한다. '법인'회사는 주식을 소유한 사람에게 회사의 이익금을 나눠주도록 되어 있다. 회사가 상장폐지되지 않는 이상 '주식'은 소유 자체로 '수익'이 발생한다. 이처럼 '자본'은 소유권자에게 '소득'을 발생시킨다.

경제활동은 '경쟁'을 전제로 한다. 모든 사람이 더 많은 수익을 얻기 위해 '돈'을 매개로 교환 활동을 하고 있는 것이다. 전통적으로는 '노동력'이 최우선 가치였다. 그러나 더는 인간의 '노동력'이 최우선 가치로 인정받지 못한다. 80억 인구가 함께 살아가고 있다. 모두가 먹을 것, 입을 것, 잘 곳이 필요하다. 그 외에도 사람들에게 필요한 것은 너무나 많다. 누가 그 필요를 채워줄 것인가? 자본주의는 더 많은 사람에게 더 많은 양의 필요를 채워주는 사람이 '돈'을 버는 구조이다. 더 많은 공급을 하는 사람에게 '돈'이 향하고, '돈'을 내면 '상품과 서비스'가 흐른다.

위의 소득 유형은 '고정'된 분류가 아니다. 딱 한 가지 고정된 방법으로 수익활동을 하라고 꺼낸 이야기도 아니다. 프리랜서이면서 '연금과 보험, 주식'을 보유한 자본가가 될 수 있으며, 반대로 기업의 주식을 다수 보유한 '자본가'가 하루아침에 회사가 없어져 소득이 다 없어지기도 한다. 다만 경쟁과 노동이 심한 노동소득보다는 자본소득을 확보하려 한다는 점이 우리에게 주는 교훈이 있다. 경제활동에서는 결국 소비자는 '돈'을 쓰고, 공급자는 '돈'을 번다.

지식 2. 재산이 아니다. 자산이다(인플레이션 헤지).

지금까지 어떻게 소득활동을 하는지 살펴보았다. 그럼 이제부터는 그 '돈'으로 어떻게 재산을 모으는지 풀어 보려고 한다. 불과 50년 전 돈이 금이고 금이 돈이던 화폐 4.0 시대에는 돈을 모으면 재산이 되었다. 돈이 곧 금(재산)이었기 때문이다. 그 당시에는 다른 데 '투자'할 필요가 없었다. 그러나 화폐 5.0 시대인 지금은 '돈'이 곧 '재산'이 되지 못한다. '재산'을 모으려면 '재산이 될 만한 것'을 사야 한다. 투자는 선택이 아니라 필수이다. 이 방법 외에는 '돈' 가치를 지킬 수 있는 방법이 없기 때문이다. '돈'을 많이 벌고 '저금'을 많이 해도 '벼락거지'가 될 수 있는 구조이다. 그러므로 돈 가치를 지키기 위해 물건을 사는 행위를 '투자'라고 한다.

그렇다면 투자란 무엇일까? 투자는 '인플레이션 헤지'이다. '돈' 가치가 떨어지기 전에 그 '돈'을 '물건'으로 바꿔두는 것을 인플레이션 헤지라고 한다. 즉, 지금 물건을 사 두었다가 시간이 지나면 비싸지는 원리를 활용하는 것이다. 다시 한번 화폐 5.0의 특징을 떠올려 보자. ①돈 가치는 계속 하락한다. ②반대로 물건 값은 점차 올라간다. 이 두 가지 특징을 생각해 보면 투자의 원리를 알 수 있다. 돈과 물건을 바꾸는 게 투자이다. 돈과 물건을 바꿔야 한다. 단, 상하지 않는 물건이고 계속 가격이 오르는 물건이어야 한다. 그런 물건을 찾았다면 당장 바꿔야 한다. 화폐 가치가 떨어지는 것을 막기 위해 '돈'을 '물건'으로 바꿔두는 행위가 진정한 의미의 투자활동이다.

화폐 5.0 시대 사람들은 같은 고민을 한다. '내 돈을 지키려면 어떤 물건을 사 둬야 하는가? 도대체 투자가 가능한 것은 무엇인가?' 답은 이렇다. '자산'을 늘리고 '부채'를 줄이라. 상하지 않고 가격이 계속 오르는 것을 '자산'이라고 하고, 변질되고 가격이 하락하는 것을 '부채'라고 한다. '돈'을 냈는데 '가격'이 오른다면 투자이고, '돈'을 냈는데 오히려 '가격'이 떨어지면 부채인 것이다. 무엇이 '자산'이 될지, 무엇이 '부채'가 될지는 분명히 알 수 있다. 그러니 그걸 사기 전에 꼼꼼히 확인해야 한다. 과연 이것은 '자산'인가 '부채'인가?

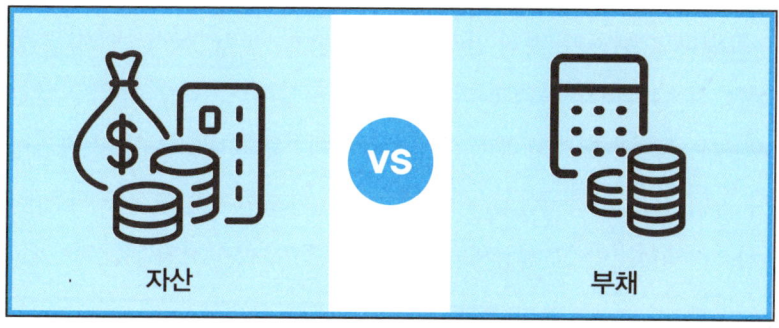

자본가들은 '자산'을 모은다. 내가 사는 도시는 신도시로 지정되었다. 앞으로 대규모 아파트단지가 들어설 예정이다. 이 소식을 알고 있는 자본가들은 자신의 토지를 은행에 맡기고 '부동산 담보 대출'을 받는다. 그렇게 빌린 돈으로 다시 '부동산'을 산다. 땅이 둘이 되어 소유권은 두 개로 늘었다. 단, 빚도 늘었다. 이들의 머릿속엔 무슨 계산을 할까? 그렇다. 앞으로 부동산 가격이 오를 거라 생각하고 '자산'을 모은 것이다. 부동산은 '자산'으로 구분되는 대표적인 재산이다. 이런 걸 빚(부채)을 내서 '자산'을 늘렸다고 한다. 내가 내는 이자보다 토지 가격이 더 오르면 투자는 성공한 것이다.

그러나 금융지식이 부족한 사람은 어떻게 할까? 직장에 들어가서 제일 먼저 '마이너스통장'을 개설한다. 신용대출로 1년 연봉을 빌린다. 그리고 '최고급 세단'을 계약한다. 이 최고급 자동차는 어떻게 될까? 출시한 지 한 달 만에 10% 정도 가격이 하락한다. 차를 타는 5년 간 차 가격은 절반 이하로 떨어진다. 빚을 내서 차를 샀는데 차의 가격은 절반이 사라져 버린 것이다. 이런 걸 빚(부채)을 내서 '부채'를 늘렸다고 한다. 갖고 있기만 해도 손해인 '물건'을 산 것이다.

그렇다면 무엇이 '자산'인가? 부동산(주택, 상가, 공장, 토지) + 동산(증권 + 원자재 + 외화)이 대표적인 자산이다. 그중 가장 막강한 자산을 꼽으라면 역시 부동산과 주식이다. 물론 이 외에도 저작권이나 특허 같은 지적재산권, 미술품, NFT, 암호화폐 등을 사고파는 시장도 존재하지만 그 시장의 규모가 매우 작아 포함하지 않았다.

〈4대 투자 대상〉

부동산 (주택, 상가, 토지)	증 권 (주식과 채권, 펀드, 연금)
원자재 (원유, 철광석, 밀 등)	외 화 (달러)

** 'investing'이라는 앱을 실행하면 채권과 원자재의 현재 시세를 볼 수 있다.

한 가지 주목할 만한 사실은 '보험'은 투자 대상이 아니라는 점이다. 보험은 '품앗이'다. 단기적이고 일시적인 손해가 발생했을 경우,

같은 상품을 가입한 회원이 함께 손해를 분담하는 것이지 절대로 투자 대상이 아니다. 일부 보험설계사가 보험 만기 시 '보험금 상환'을 이유로 투자상품인 것처럼 홍보하는데, 인플레이션을 제대로 이해했다면 이는 조삼모사식 마케팅임을 알 수 있다. 지금 100만 원이 20년 뒤 100만 원과 같은 돈은 아니기 때문이다. 20년 뒤에 100만 원을 돌려받는다 해도 물가는 한참 올라간 뒤이니 실제로는 손해를 본 셈이다.

마찬가지로 '펀드' 역시 논란이 있다. '펀드'가 투자 대상이 맞는지 자주 회자된다. 나 역시 펀드를 부정적으로 생각한다. 왜냐하면 펀드는 수익과 손해에 상관없이 펀드매니저가 고객의 '투자금'에서 자신의 수수료를 수취하기 때문이다. 따라서 '모객' 행위 그 자체에 열을 올리지 투자 수익금을 올리는 데 집중하지 않는다. 더구나 고객의 투자금이 손해를 봐도 책임을 지지 않는 상품이 많다. 일부 펀드매니저는 이 점을 악용하므로 도덕적 해이가 심각해질 수밖에 없는 구조이다. 따라서 펀드가 '투자'라고 말하기엔 다소 앞뒤가 맞지 않는다.

반대로 '부채'는 무엇인가? '돈'을 냈는데 오히려 '가격'이 떨어진다면 부채에 해당한다. 예를 들어보자. 같은 돈을 가진 두 사람이 농사를 짓는다고 치자. 한 사람은 논이나 밭을 사서 농사를 짓는다. 반면에 또 다른 한 사람은 땅을 빌려 '특용작물 재배를 위한 시설'을 설치하고 '바나나, 키위'를 재배한다. 그리고 10년 뒤에 둘 다 실패했다고 치자. 그러면 '논과 밭'을 산 농부는 10년간 상승한 토지 가격이 농사 실패한 빚을 전부 갚고도 돈이 남는다. 그러나 특용작물 재배를 한

농부는 시설비가 전부 빚으로 남는다. 그러면 여기서 부채는 무엇인가? 그렇다. '시설비'이다.

이런 식으로 따져보면 수많은 '부채'를 곧바로 발견할 수 있다. '돈'을 주고 교환했지만, 나중에 다시 '돈'으로 바꿀 수 없는 것이 부채이다. 사업을 시작하면 시설비가 든다. 인테리어비용, 집기비용, 관리비용 등이다. 사업장을 매각한다고 해도 그 비용을 돌려받을 수 없다. 마찬가지로 집에서 사용하는 정수기 렌털, 비데 렌털 같은 '시설 사용비'도 영락없는 부채이다.

택배기사는 '1인 사업가'이다. 택배기사 1명이 서로 다른 사업체로서 완전히 다른 체제로 움직인다. 자산과 부채 개념을 배운 내가 택배사업을 하면서 가장 아꼈던 지출은 무엇이었을까. 바로 '차량구입비'이다. 택배 트럭을 '부채'라고 생각한 나는 740만 원을 주고 중고 트럭을 구매했다. 훗날 택배를 그만두고 차량을 처분할 때 630만 원을 돌려받았으므로 4년간 택배 사업에 투자한 시설비가 110만 원이었다. 이를 몰랐다면 나 역시 2,000만 원이 넘는 새 트럭을 사서 사업을 시작했을 것이다.

그러므로 재산을 모으고자 한다면 먼저 '자산'과 '부채'를 구분할 줄 알아야 한다. 그다음은 '자산'을 찾아 현명하게 '소비'해야 한다. 무엇을 사 모으는가에 따라 '재산'이 달라지기 때문이다. 자산을 사면 가격이 점점 비싸지는 '재산'이 되지만, 부채를 사면 가격이 점점 떨어지는 '빚'으로 남는다.

지식 3. 어떻게 투자하는가?

투자 방식은 크게 두 가지 방식으로 나뉜다. 시세차익(trading)과 가치투자(investing)이다. 급변하는 시세 변동에서 빠른 매매를 통해 수익을 보는 방법을 시세차익 투자라고 한다. 흔히 '단타'라고 부르는 단기 투자 방식이다. 이러한 방식을 영어로 Trading(매매)이라고 하는데, 가장 빠른 단타 매매는 '주식시장'에서 이루어진다. 0.001초에 1번 매매할 수 있는 기술이 적용되어 있기에 주식투자는 초단기 투자도 가능하다.

다만 나는 이 같은 투자 방식에 굉장히 부정적 견해를 가지고 있다. 경제학자도 이런 투자 방식을 '국가가 허락한 합법적 도박'이라고 일컫는다. 이런 투자는 '도박 중독'과 심리형태가 완전히 유사하기 때문이다. 나 역시 이런 견해를 지지한다. 특별히 20대 투자자가 단기 주식투자에서 보여주는 수익률은 굉장히 저조하다. NH투자증권의 2022년 주식투자 수익률 조사보고에 따르면 20대의 투자수익률은 0.2%이다. 특별히 남성은 -2.2%, 여성이 2.6%이다. 20대 남성의 투자수익률이 저조한 것은 주식투자를 도박처럼 접근하기 때문이다. 또한 이런 식의 '투자' 역시 '투자'라는 용어로 사용되기에 금융지식이 부족한 일반인에게 '투자'는 더욱 부정적으로 느껴질 수밖에 없다.

그러나 진정한 의미에서 투자는 중장기적 투자를 가리킨다. 이를 가리켜 가치투자라고 부른다. 충분히 '가치' 있는 물건인데, 지금은 그 가치를 알아봐 주지 않기에 그 가치가 확인될 때까지 기다렸다가 가격이 올랐을 때 비로소 매도하는 방법을 말한다. 대표적으로 미래가 유망한 비상장회사의 주식에 투자하거나 성장 가능성이 큰 회사의 주식을 꾸준히 사 모으는 것 또는 개발가치가 있는 부동산에 투자하는 방식 등을 말한다.

그럼 이 두 가지 투자 방식을 경제 전문가들은 어떻게 평가할까? 주식이든 부동산이든 할 것 없이 시세차익 단기투자 방식보다는 중장기적인 가치투자를 권유한다. 중장기적인 가치투자가 '인플레이션'을 '헤지'하는 좋은 수단이기 때문이다. 화폐 가치가 하락하니 이것을 가치 있는 물건으로 바꿔 두라는 것이다. 따라서 잦은 매매 행위보다는 한 번씩 현금을 '자산'으로 변경하는 게 진정한 의미의 투자이다. 다만 투자이익을 거두는 데는 중장기적인 시간이 필요하다는 점에서 의문을 갖는 사람이 많다. 대개 투자라는 말을 떠올리면 '시세차익' 단기 투자방식만 떠 올리기 때문이다.

그렇다면 투자수익률은 얼마나 될까? 투자 수익률이란 1년 동안 투자했을 때 '100원 투자해서 얼마를 벌었는가?'를 말한다. 다음에 제시한 표는 '주식과 부동산' 투자에서 나타나는 일반적인 투자수익률과 은행 대출이율을 비교한 것이다. '빚투'와 '영끌'을 논하는 시대에 과연 지혜로운 투자가 무엇인지 생각해 보자.

〈투자 수익률 vs 은행 대출이율〉

투자 수익률(플러스)	수익률	은행 대출이율(마이너스)
위대한 투자자 워런 버핏 24%	수익률	대부업(법정최대이율) 20~24%
비범한 주식투자자 10~12%	대출이자 = 물가상승률 → 방어	카드론, 3금융대출 9~12%
평범한 주식투자자 5% 전후	대출이자 < 수익률 → 투자이익	마이너스 통장 및 서민금융대출 5~10%
부동산 투자자(?) 3~1,000%	대출이자 > 수익률 → 투자손해	금융권 주택담보대출 1.4~5%
은행 예적금 2~5%		물가상승률 3~7%

이 표를 보는 순간 눈치가 빠른 사람이라면 바로 알아차릴 것이다. 이 세상에서 가장 빠르게 돈을 버는 방법은 오직 '은행'이 가지고 있다는 사실을 말이다. 오른쪽 '은행 대출이율'이란 다른 말로 은행의 수익률을 말한다. 대부업 수익률이 위대한 투자자 워런 버핏의 수익률에 맞먹는다. '돈'을 빌려주는 것만으로 누군가는 세계 최고의 수익률을 낸다. 은행 대출이율과 투자수익률을 비교해 보면 대출이자가 어느 정도 비싼 상품인지 감을 잡을 수 있다. 수익률을 보라. 비범한 주식투자자의 수익률이 10~12%이다. 이것이 의미하는 바가 무엇인가? 어떤 경우에도 10% 이상의 이율로는 돈을 빌리지 말아야 한다.

이 점을 감안하고 이번에는 투자수익률을 살펴보자. 먼저 두 가지가 눈에 띈다. 첫째, 은행 예적금의 수익률과 평범한 주식투자자의 수익률이 5% 전후임을 알 수 있다. 그런데 우측(은행 대출이율) 제일 하단을 보면 물가상승률도 평균 5%라는 걸 알 수 있다. 1년간 5%의 수익을 보았는데, 1년간 화폐 가치가 5% 떨어졌다는 말이다. 어지간한 투자로는 물가상승률 이상 투자 수익을 내기가 굉장히 어렵다는 뜻이다.

둘째, 유일하게 부동산 투자자의 수익률이 3~1,000%를 기록한다. 부동산은 '토지'가 원형이다. 상가, 공장, 아파트 등의 건물은 '토지' 위에 올린 부속물이다. '토지'의 지가는 매년 상승한다. 따라서 토지는 갖고 있으면 가격이 오르는 대표적인 자산이다. 이 토지 위 건물의 가치에 따라 부동산 투자 수익률이 달라지는데, 그 수익률이 최대 1,000%까지도 발생한다. 또한 '주식'은 회사의 부도와 함께 '휴지 조각'이 될 수 있는 반면에 '토지'는 실물이라 사라지지 않는다는 특성이 있다. 이 같은 측면 때문에 '부동산'은 '주식'보다 안전하다고 여겨진다.

그러면 투자는 위험하지 않은 건가? 진짜 위험한 투자는 갚지 못할 '남의 돈'으로 '잃어버릴 수밖에 없는 투자'를 하는 걸 말한다. 즉, 남의 돈으로 '잘 모르는 투자'를 하는 것이 제일 위험하다. 투자 욕심에 눈이 어두워 '레버리지'라는 말을 아전인수로 해석한다. 남의 돈을 많이 빌려서 투자하면 쉽게 투자할 수 있다? 아니다. 이건 정말 위험한 생각이다. 앞서도 말했지만, 투자는 '내 돈'을 '물건'으로 바꿔 놓는 행위를 말한다.

나는 '목돈'이 부족한 사람을 위해 아래와 같이 안전한 영끌과 빚투의 기준을 제시한다. 투자는 내 돈으로 인플레이션을 헤지하기 위해 하는 것이다. 남의 돈을 빌릴 때는 항상 먼저 갚을 생각을 하고 빌려야 한다.

〈투자 수익률 vs 은행 대출이율〉

	안전한 영끌과 빚투	위험한 영끌과 빚투
부동산 (아파트)	3억 원 미만 아파트, 주택금융공사 저금리 담보대출(고정금리) 담보대출은 매매금액의 60% 이내, 매달 원리금이 자기 월소득의 1/5 정도 비과세 실거주로 양도소득세 면제 1주택자	9억 원 이상 아파트 제2금융 저축은행, 캐피털에서 받은 중금리 대출(변동금리) 신용대출 + 담보대출금액이 매매금액의 80% 이상 매달 원리금이 자기 월급의 50% 이상
주식	대출 없이 직접 모은 목돈의 최대 1/2 모두 잃어도 되는 금액 미국지수 투자	마이너스통장 + 신용대출 + 카드론 전체 금액을 대출하여 주식에 전부 투자한 경우 은퇴자금전체를 운용하는 국내펀드

특별히 주식은 위험한 자산이고, 경쟁 강도가 심한 투자라는 걸 강조하고 싶다. 현대 주식투자의 기원은 네덜란드에서 유래되었다. 후추나 향신료를 사러 인도와 아시아로 출발한 무역선이 종종 사고로 침몰되자 그 피해를 줄이려고 고안된 게 '주식'이다. 주식의 유래를 살펴보면 주식투자가 '위험'을 분산하기 위해 만들어졌다는 것을 알 수 있다. 현대의 주식시장도 마찬가지이다. 주식의 기본 속성

은 기업의 '수익' 분배보다는 '손실' 분담이다. 지난 10년간 상장기업 TOP10 중 6개 기업이 사라졌다. 기업은 시대를 타기 때문에 10년 이상 생존하기가 매우 어렵다. 안전하고 확실하다는 그 TOP10 기업의 주식이 하루아침에 사라지는 게 이 시장의 특성이다.

또한 최초의 주식시장은 지역시장이었다. 국가 간, 지역 간 교류가 없는 독립적인 시장이었다. 그러나 이제는 전 세계가 하나의 시장이다. 세계인 누구라도 국적에 상관없이, 어떤 주식이든 온라인으로 마음대로 매수매도를 할 수 있다. 더구나 없는 주식도 팔 수 있는 게 주식이다. 주식시장에서 경쟁 상대는 다른 개인과 기계만이 아니다. 기관도 함께 경쟁한다. 주식시장은 말 그대로 세계적인 시장이다.

또한 주식은 전쟁이나 정치적 이슈에 따라 시장이 출렁인다. 개별 기업이 속한 국가 정책에도 영향을 받는다. 개인의 통제를 한참 벗어나 움직인다. 이 같은 배경을 바라보면 주식시장에서 일개 개인이 투자 수익을 올리기가 매우 어려운 시장인 것을 알 수 있다. 실제로 위대한 투자자 워런 버핏과 그의 스승 앙드레 코스톨라니조차 평생 두 번이나 파산한 적 있는 시장이 '주식시장'이다. 경험과 지식이 부족한 20대 남성투자자가 -2.2%를 기록하는 건 어쩌면 당연한 결과이다.

이런 주식시장의 특성을 감안해 일부 투자자는 증권 전문가에게 투자 전반을 맡긴다. 이들은 '투자 포트폴리오'를 재분배(리밸런싱)하고, 기업의 동향과 세계 경제 상황을 분석한 대가로 수수료를 수수한다. 그렇다면 중개인에게 투자 수수료를 지불하고도 수익이 발생하는 사람들이 참여하고 있다는 것인데, 일개 개인이 이런 사람들과 같은 시장에서 경쟁하고 있는 것이다. 이 시장이 얼마나 경쟁 강도가 강한지 알 수 있다. 따라서 이런 주식시장에서 개인이 직접 수익을 내겠다고 한다면 기관과 전문가를 이길 만한 실력과 노력이 절실히 요구된다. 대체 주식투자에서 개인이 직접 수익을 내려면 얼마의 공부와 얼마의 노력이 필요한지 나는 감히 상상하기조차 어렵다.

그에 비해 부동산투자는 비교적 안전한 자산이고, 경쟁 강도도 매우 약한 시장이다. 부동산은 지역적인 영향을 아주 많이 받는다. 보통 서울 아파트를 부산 사람이 사려고 들지 않고, 부산 아파트를 서울 사람이 사려고 하지 않는다. 구매자가 지역적으로 한정되고, 소득수준과 취향에 따라 구매하려는 사람의 부류가 명확하게 갈린다. 또한 그 지역의 개발과 발전이 그 지역에만 영향을 미친다.

부동산은 '실물자산'이기 때문에 주식처럼 사라지는 일도 없다. 더구나 토지는 1971년 이후 가격이 떨어진 일이 없으며, 건물은 보통 50년간 감가상각하기 때문에 가격 하락폭도 어느 정도 추측이 가능하다. 또한 부동산은 말 그대로 움직이지 않는 특성이 있기 때문에 부동산의 위치가 지닌 가치는 변하지 않는 특성이 있다(예: 강남이 강북이 되지는 않는다).

또한 부동산시장은 국가 법률로 적극 '보호'를 받는다. 부동산 등기와 경매는 대한민국 '법원'이 직접 관할한다. 특별히 우리나라는 국가에서 '아파트' 시세를 관리한다. 아파트란 100가구 이상의 공동주택을 말하는데, 한국감정원이나 KB국민은행이 직접 시세를 관리하고, 이 자료는 공신력을 갖는다. 또한 아파트는 초기 건설부터 분양까지 국가에서 철저한 관리감독을 하기 때문에 '분양사기'나 시세에 어긋난 고가 분양을 하기가 어렵다. 반면에 국가의 통제를 벗어난 '지역주택조합 아파트'나 '신축빌라', '신축상가'는 분양가가 매우 높고 분양사기도 빈번하다.

지식 4. 내 집 마련과 저금통 채우기

1) 내 집 마련

애덤 스미스, 마르크스, 케인스, 하이에크, 헨리 조지, 토마 피케티까지 경제학 거인들이 하나같이 문제 삼는 게 '토지'이다. 이들 경제학 거인은 토지주가 임차인에게 받는 '토지 임대료'가 경제불평등의 원인이라고 지적했다. 그렇지만 어떤 경제학자도 풀지 못한 영원한 고민의 주제도 역시 '토지 임대료'이다.

나는 이러한 견해에서 역설적인 지혜를 얻는다. 인간사회는 지금도 '계층과 서열'이 분명히 존재한다. 인간은 모두가 평등한 존재라는 점에서 이견이 없지만, 모든 인간이 같은 역할, 같은 혜택을 받을 수 없다는 사실도 부인할 수 없다. 불쾌한 사실이라 귀를 막는다고 해서 진실이 달라지진 않는다. 즉, 부의 불평등을 해결하는 것은 인간사회가 앞으로 나아가야 할 이상이다. 그것은 잠시 접어두고 현실을 바라보자.

이 세상에는 경제적 불평등이 확실히 존재한다. 경제활동은 치열한 경쟁 활동이다. 그 경쟁 활동에서 최종적으로 토지를 차지한 자가 부자가 된다. 경제 전문가들은 하나같이 '부'는 토지를 소유한 사람이라고 말한다. 반대로 토지를 갖지 못한 사람은 논이든 밭이든 집이든 빌려야 한다. 빌린 자는 가진 자에게 '돈'을 내야 한다. 명백한 경제원리이다. 그러므로 내가 번 '돈'으로 '자산'을 산다면 무엇보다 '토지'를 가져야 한다는 결론이 난다.

이런 해석이 오늘날 대한민국을 살아가는 사람들에게 어떤 의미일까. 결론은 꽤 명쾌하다. '돈을 모았으면 '내 집'부터 마련해야 한다.' 모든 경제지식과 경제지표가 이것을 뒷받침한다. 우리나라의 전체 국민 중 다주택자는 7%, 1주택자는 43%, 무주택자가 50%라고 2020년 통계자료에 나온다. 또한 우리나라는 전체 국토의 70%가 산지이기에 그 나머지인 30%에 전체 국민 5,000만 명이 몰려 산다. 그나마 이 30% 중 사람이 살 수 있는 '대지'와 '평지'는 절반에도 못 미친다. 우리나라는 '토지'가 절대적으로 귀한 자원이다.

이런 배경 때문에 우리나라에서만 '아파트'가 곧 '부동산'으로 통한다. 아파트가 곧 '토지'이고 '주택'이기 때문이다. 우리나라 아파트는 39, 49, 59, 74, 84, 104㎡ 식으로 '정형화'된 크기가 존재한다(본래 '평' 단위로 구분했으나 지금은 표준 단위인 ㎡로 구분). 우리나라에선 아파트 평수가 부동산 거래 단위이다. 20평 아파트는 얼마, 30평 아파트는 얼마, 이런 식이다. 국가에서는 34평형대(84㎡) 아파트를 국민평수로 지정하고 이보다 작은 주택을 거래할 경우에는 '부가가치세'를 부과하지 않는다. 또한 주택의 평형에 상관없이 실거주하는 1주택자는 '양도소득세'도 부과하지 않는다. 나라에서도 1주택자를 부동산 투기꾼이라 여기지 않는 것이다. 심지어 국가에서 운영하는 '주택금융공사'는 무주택자가 집을 마련하는 데 엄청난 혜택이 담긴 금융상품을 지원한다.

그럼에도 불구하고 우리나라에서 집을 사지 않는 사람은 다음 세 가지 부류이다. 첫째, 월수입이 '인플레이션'보다 훨씬 더 많이 버는 사람들은 절세를 위해 오히려 '집'을 사지 않는다. 둘째, 부동산은 '투기'라는 비합리적 신념이 있는 사람들은 경제 공부를 아예 하지 않는다. 셋째, 절대적 약자는 '집'을 살 수 없다.

이 세상을 '지식'의 창으로 바라보지 않으면 매우 불평등하고 불합리하게만 보인다. 부동산은 '투기'이고, 집값은 떨어지는데 집을 샀다간 엄청난 손해를 보는 것처럼 보인다. 물론 고가 아파트와 초고가 상가, 노후 건물은 가격이 하락하는 일이 분명히 발생한다. 건물은 최대 50년간이라는 사용기간이 있기 때문이다. 30년이 넘은 노후 건물은 가격이 하락한다. 또한 국가정책의 영향도 작용한다. 그러나 '토지'는 아니다. 토지의 가격은 매년 상승한다. 앞서도 말했듯이 '인플레이션'으로 물가도 오르고 땅값도 오른다. 건물을 짓는 임금도 오르고 원자재도 오른다. 이미 지어놓은 아파트 가격이 올라가는 이유이다.

주택 역시 '토지'를 기초로 하기에 가격이 오를 수밖에 없다. 2000년대 초반 경기도 외곽 20평 미만 빌라의 평균 매매가가 2,000~3,000만 원이었다. 지금은 그 가격으로 절대 찾을 수 없다. 전국 어디라도 주택 매매가는 꾸준히 상승했다. 뉴스에 보도되는 초고가 아파트의 급락으로 '주택' 가격이 아무 기준 없이 출렁이는 듯한 '느낌'을 받을 수 있다. 언론의 지엽적인 정보로 해석되는 '감'이 그럴 뿐이다. 그렇다면 왜 주택 가격이 오를까? 단순하다. 월급도 오른다. 물가도 오른다. 주택은 사람이 만든다. 재료비와 인건비, 땅값이 오르는데 주택 가격만 안 오를 수는 없는 법이다.

2) 화폐 5.0시대 적금법 '저금통 채우기'

돈을 열심히 모으고 있는데, 주택 가격도 그만큼 오르고 있다. 이런 상황에서 경제지식을 공부했다면 당장 '집'을 사야 내 돈을 지킬 수 있을 것 같다는 조바심이 든다. 은행에 적금을 넣고 있는 자신이 '뭔가 잘못된 건 아닌가?'라는 기분도 든다. 나 역시 그런 자조적인 느낌이 들어 답을 찾고자 했다. 해답은 의외로 실전 부동산 투자자에게서 찾았다. 나는 이 개념이 화폐 5.0을 사용하는 현대인에게 꼭 필요한 경제개념이라고 생각한다.

> 돈을 쌓아서 모으는 사람 vs 저금통을 먼저 사고 채우는 사람
> 4년간 월세 산 사람 vs 4년간 담보대출 받아 내 집에 산 사람
> 4년간 '부채'를 산 사람 vs 4년간 '자산'을 갖고 있던 사람

화폐 5.0 시대에 돈을 모으는 방법에는 다음 두 가지 방식이 존재한다. 여기 두 사람이 있다. 한 사람은 '은행'에 돈을 맡기는 방식으로 '돈'을 쌓아 모으는 사람이다. 은행에 1년간 돈을 맡기면 얼마의 이자를 받기로 하고 적금을 들었다. 그런데 또 한 사람은 적금을 모으다 말고 갑자기 큰 저금통을 샀다. 다만 저금통이 좀 비싸서 먼저 돈을 빌려서 저금통을 샀다. 다행인 건 앞으로 저금통 가격이 오를 걱정은 안 해도 된다. 이제 그 저금통에 돈을 모은다.

여기서 말한 '저금통'은 '주택(부동산)'을 말하고, 저금통에 돈을 모으는 것은 부동산을 사기 위해 '빚'을 낸 뒤 그 빚을 갚는 방식을 빗대어 표현한 것이다. 공식적인 용어는 아니지만, 부동산을 먼저 산

뒤에 빚을 갚는 방식을 '저금통 채우기'라고 표현한다. 돈을 다 모은 뒤에는 저금통 가격이 크게 오를 테니 우선 돈을 빌려 저금통을 사고 빚을 갚는 방식이다. 나는 이 방식이 '담보와 대출'의 본질을 꿰뚫는 통찰이라고 생각한다.

대부분의 국민이 보통의 학교교육을 받고 '직장생활'을 한다. 대한민국 대졸 초임 평균연봉은 2011년 이후 지난 10년간 하위 80% 평균 2,400만 원에 머물러 있다. 한 달에 100만 원도 적금하기 어려운 실정이다. 그런데 무작정 은행에 적금하고 있다면 물가 상승이 우리를 기다려주지 않는다. 주택 가격도 오른다. 주택 가격이 오르면 전월세 가격도 같이 오른다. 내가 사려는 '가격'까지 '돈'을 모을 작정인데, 그 가격은 나를 기다려 주지 않는다. 시간이 지나면 가격은 계속 오른다. 내가 돈을 모으는 속도보다 인플레이션 속도가 훨씬 빠르다. 그래서 먼저 '빚'을 내서 '거래'하고, 나중에 '부채'를 갚는 방식이 '저금통 채우기'이다.

화폐 5.0 시대에 '주택담보대출'이 갖는 의미는 이즈미 마사토의 ≪부자의 그릇≫에서 찾을 수 있다. 이 책에선 이런 표현이 나온다. "'대출'도 상품이다. 상품을 빌린 비용을 '이자'라고 하자." 그렇다. 월세 낼 돈과 이자 낼 돈이 비슷하다면 '집'을 먼저 산 뒤 '빚'을 갚아도 동일하게 '돈'을 모은다는 말이다.

나 역시 어떻게 돈을 모았느냐는 질문을 종종 받는다. 내 대답도 마찬가지이다. 먼저 열심히 적금을 들었다. 목돈을 모았을 때 주택금융공사에서 제공하는 디딤돌 대출을 받아 아파트를 샀다. 국가에서 제공하는 대출이라 저금리에 받을 수 있었다. 떨어진다는 집값은 예상보다 훨씬 올랐다. 이코노미스트 홍춘욱의 ≪돈의 역사는 되풀이 된다≫에서도 같은 이야기를 한다. 저자 역시 "30대에 '주택'을 구입했다면서 20대엔 저축, 30대엔 부동산, 40대엔 증권이나 달러로 투자의 방향을 잡으라!" 대출을 갚는 속도보다 자산 가격이 오르는 속도가 훨씬 빠르므로 목돈을 모았으면 '내 집'부터 마련하는 게 자산을 모으는 순서라고 조언한다.

그러므로 경제활동을 시작해 '재산'을 모으고자 한다면 우선 내 집 마련이 첫걸음이다. 인플레이션 시대에 적금을 10년 넣겠다는 결심은 '경제지식'을 아예 무시한 잘못된 열심이다. 화폐 5.0 시대엔 적당한 대출로 내 집을 마련하는 것이 곧 적금이다. 좀처럼 내 말이 믿기 힘들다면 국토교통부 실거래가 시스템에 접속해 지난 10년간 아파트 매매 가격 추이를 살펴보길 바란다. 20~30년간 매매 가격 추이를 살펴보면 경제지식이 한껏 성장하는 확신을 받을 수 있을 것이다. 그러나 여전히 막상 집을 사려면 거대한 장벽이 느껴질 것이다. 결국 본인의 금융지식이 경제 수준을 결정한다. 그것 외에는 달리 설명할 길이 없다.

지식 5. 레버리지(대출)

내 집 마련이나 부동산 지식을 공부하면 '레버리지'라는 말을 수없이 듣는다. 롭 무어의 《레버리지》는 너무 쉬운 개념이라 책을 읽기도 전에 다 이해해 버린다.

구 분	신용대출	담보대출
의 미	나 믿고 빌려줘! 꼭 갚을게!	이거 맡기고 빌려갈게. 못 갚으면 이거 가져!
국가기관	신용보증재단(개인사업자), 소상공인진흥재단(소상공인대출) 주택도시공사(전세자금대출)	주택금융공사(디딤돌대출, 보금자리론, 주택연금)
1금융권	국민, 신한, 하나, 기업, 우리, 농업중앙회 등 (직장인 마이너스통장, 개인 가계대출)	국민, 신한, 하나, 기업, 우리 등 (주택구입자금대출, 후순위담보대출)
2금융권	농업저축은행, 저축은행, 캐피털, 새마을금고, 수협, 신협	농업저축은행, 저축은행, 캐피털, 새마을금고, 수협, 신협
3금융권	대부, 신용, 사채	대부, 신용, 사채
특 징	돈을 빌려주는 은행 쪽에서 돌려받지 못할 가능성이 큰 대출이기 때문에 대출 금액의 규모도 작고 이율도 높다.	돈을 빌려주는 은행 쪽에서 돌려받을 가능성이 큰 대출이기 때문에 대출 금액의 규모가 크고, 이율은 상대적으로 저렴하다.

그러나 이 책을 다 읽고도 한 가지 '의문'이 가시질 않는다. "그래

서 어떻게 돈을 빌리라는 거야?" 자본주의 시대를 살아가는데 '금융기관'의 대출 생태계를 이해하는 것은 매우 중요한 금융지식이다. 다만 돈을 빌리기 전에 꼭 미리 계산해 봐야 한다. 내가 한 달에 갚을 수 있는 '여력'이 얼마인지 말이다.

1) 이 세상의 모든 대출은 무조건 2가지로 구분된다.

신용대출 vs 담보대출

돈 빌려주는 쪽에서 생각하면 쉽다. "내가 돈 못 갚으면 이거 가져!"라고 말하는 사람은 '담보대출'이지만, 무턱대고 "나 못 믿어? 믿고 돈 빌려줘!"라고 말하는 사람은 '신용대출'이다. 돈 빌릴 땐 무조건 둘 중 하나이다. 그러나 은행을 방문하면 은행원도 잘 모르는 대출상품이 가득한데, 이름이 복잡할 때는 거두절미하고 이 두 가지만 확인하면 된다.

대출을 실행할 때는 꼭 국가기관, 1금융권, 2금융권, 3금융권 순으로 알아보고 실행해야 한다. 금융기관은 국가에서 엄격하게 관리 감독을 하는데, 어떤 금융권과 거래하는가가 개인의 신용도에 매우 크게 영향을 미친다. 1금융권에서 3금융권으로 갈수록 금리는 비싸지고, 대출 기준도 완화된다. 따라서 신용도도 하락된다. 일반인은 최대 2금융권 대출까지 이용한다. 대출을 실행했다면 1개월이라도 연체가 발생할 경우 신용도에 영향을 미치고, 3개월 이상 연체하면 '기한이익의 상실'로 대출사고가 발생한다.

은행에 '대출심사'를 받으러 갈 때는 다음의 3가지를 미리 준비해 가는 게 좋다. 첫째, 소득자료(직장인이면 연봉, 사업자면 소득금액 증명원), 둘째, 건강보험료 납부자료(건강보험 홈페이지에서 건강보험납부증명서) 셋째, 체크카드, 신용카드 사용 내역 등이다. 처음부터 이렇게 준비하면 대출 상담이 훨씬 수월해진다.

2) 대출별 접근 방법
A. 신용대출
i. 직장인이면 자기 연봉 정도를 '마이너스통장'으로 대출이 가능하고, 보통 5% 전후의 이자가 발생한다.

ii. 사업자라면 '부가세표준증명' 금액에 따라 대출 가능 금액이 달라진다. 보통 1,000만~4,000만 원이 대출 가능한 금액인데, 기준이 엄격한 1금융권에서는 '부가세표준증명'보다는 '종합소득세 소득금액 증명'을 기준으로 삼는다. 사업자는 '리스크'가 많으므로 신용대출 상품이 많지 않고, 금리도 비싼 편이다. 1금융권 사업자 대출 이자는 보통 5~10%이다. 특별히 요즘은 '사업자대출'이란 이름의 신용대출상품이 유행하는데, 고금리 신용대출 상품의 이름을 그럴싸하게 지은 것이므로 대출 실행 전에 주의를 요한다.

iii. 신용카드를 은행 ATM에 넣으면 즉시 인출되는 대출이 있는데, 보통 1,000만 원 전후로 대출이 가능하다. 이율은 보통 12~17%인데, 이는 굉장히 높은 금리의 대출이다. 1금융권의 브랜드 은행에서 대출하는 상품이라 대수롭지 않게 대출을 실행하는 사람이 많은데, 카드사 신용대출은 절대로 쉽게 실행하면 안 된다. 이 정도 이자율은 일반 사채나 대부업에서 사용하는 이자이기 때문이다. 어쩔 수 없이 사용해야 하는 것이 아니면 절대로 사용하지 말 것을 권한다.

iv. 국가에서 보조해 주는 새희망홀씨, 햇살론 같은 대출 상품은 기본적으로 '상환 능력이 없다'를 전제로 대출해주는 상품이라 이자가 비싼 편이다. 이자는 보통 8~10%로 형성되어 있다. 문제는 이 상품명을 대부업체에서도 똑같이 사용해서 피해자가 상당히 많다. 국가에서 보조해 주는 상품은 제1금융권(하나, 국민, 기업, 신한, 농협중앙회 등 대기업금융기관)에서만 취급하며, 여기서 부결 시 '국가'지원금을 받을 수 없으므로 이름만 같은 사채상품에는 주의해야 한다.

v. 기타 제3금융권 상품을 대부, 사채라고 한다. 주로 저축은행이나 ○○대부라는 식의 이름으로 활동한다. 이런 대출 상품은 원금에서 이자를 '선취'하고 빌려준다. 즉, 대출원금을 빌려주기도 전에 '이자'를 받으며, 법정 최고금리인 20% 기준으로 이자를 받는다. 최근 법정 최고 금리가 24%에서 20%로 내려가면서 수익률이 낮아진 대부·사채업자들이 대출 실행 초기부터 20%의 고금리 상품을 선뜻 빌려주는데, 역시 문제는 '저축은행이나 캐피털'이란 이름을 사용하여 접근하는 것이다. 이런 상품은 대출 실행 후 일부러 잠적하는 등의 '상환 불능의 기술'을 사용하므로 절대 주의해야 한다.

B. 전세대출
i. 전세대출은 '신용대출'로 분류한다.

ii. 전세대출은 전체 전세보증금의 80%까지 '대출'이 가능하다. 전세보증보험은 집주인의 동의 없이 가입할 수 있다. 전세보증보험은 전세 만기 시 집주인이 돈을 돌려주지 않을 경우에 대비해 드는 보험이다.

　　iii. 전세대출은 대출이자가 '주택담보대출보다 2~3%' 비싸다.

　　iv. 우선 국가에서 제공하는 '전세자금대출' 대상인지 확인한다. 주택도시기금 홈페이지에서 '신혼부부전세자금', '버팀목전세자금', '청년전세자금'에 해당하는지 확인하고 해당하지 않으면 제1금융권 은행 상품을 이용하는 방법을 추천한다.

　　C. 주택담보대출
　　i. 국가기관(주택금융공사, 주택도시기금)
　　모든 담보대출 중 이자가 가장 저렴하며, 국가기관이 보증해 지원하므로 가장 확실하다. 디딤돌대출, 보금자리론은 주택금융공사에서 제공하는 국가제공 담보대출의 브랜드명이다. 서류심사는 주택금융공사 고객센터(1688-8114)를 통해 직접 실행하며, 대출 적격 모의심사는 주택금융공사 홈페이지에서 직접 해 볼 수 있다. 대출금을 수령하는 날에만 주택금융공사가 지정한 은행을 방문하면 된다. 처음부터 은행을 방문하면 같은 이름의 은행 상품을 권하므로 헷갈리지 말길 바란다.

　　ii. 제1금융권: 국민은행, 하나은행, 신한은행, 기업은행, 농협중앙회 등 브랜드 은행권 대출 가능 금액은 아파트일 경우 감정평가액의 70%, 매매가의 80% 중 낮은 금액이다(1주택자일 경우). 토지나 상가는 60% 전후, 공장은 80% 전후인데 개인 신용 사정과 은행 사정에 따라 달라진다. 단, 감정평가액보다 저렴한 가격에 낙찰 받은 경우에는 비율이 좀더 높아진다는 특징이 있다.

iii. 제2금융권: 농협저축은행, 새마을금고, 신협, 수협, 축협, 기타 지방은행 이자는 8~10%, 평가 기준은 1금융권보다 좀 유연하지만 이율이 1~3% 더 높다.

3) 제3금융권: 캐피털, 대부업, P2P, 사채 등

대출 가능 금액은 감정평가액의 90% 가까이 되며, 이율은 10~20%이다. LTV[5], DTI[6], DSR[7] 등의 제재는 받지 않는다는 것이 특징이다.

4) 대출상담사의 정체

은행의 형편을 한번 생각해 볼 필요가 있다. 은행은 '돈'을 모으고 (예금), 그 '돈'을 빌려주어 '이자'를 받는 '사업'(대출)을 한다. 은행의 주 수입원은 '대출이자'이다. 우리가 나쁘게 표현하는 '대부업자와

---

[5] LTV(Loan To Value ratio)는 주택을 담보로 돈을 빌릴 때 인정되는 자산가치의 비율이다. 만약 주택 담보대출비율이 60%이고, 3억 원짜리 주택을 담보로 돈을 빌리고자 한다면 빌릴 수 있는 최대 금액은 1억 8,000만 원(3억 원×0.6)이 된다. (매일경제, 매경닷컴)

[6] DTI(Debt To Income)는 총부채상환비율, 즉 총소득에서 부채의 연간 원리금 상환액이 차지하는 비율을 말한다. 예를 들면 연간 소득이 5,000만 원이고 DTI를 40%로 설정할 경우에 총부채의 연간 원리금 상환액이 2,000만 원을 초과하지 않도록 대출 규모를 제한하는 것이다. (두산백과 두피디아, 두산백과)

[7] DSR(Debt Service Ratio)는 총부채원리금상환비율, 개인이 받은 모든 대출의 연간 원리금을 연소득으로 나눈 비율이다. 자신의 연소득에 DSR 비율을 곱하면 대출 한도를 구할 수 있다. DSR가 40%이고 연봉이 5,000만 원이라면 연간 상환액이 2,000만 원이 넘지 않도록 대출을 받을 수 있다. (매일경제, 매경닷컴)

사채업자'나, 반대로 친근하게 느끼는 '국민은행, 신한은행'이나 수입 방법은 동일하다. 그러므로 은행의 고민은 딱 한 가지이다. '대출을 많이 해 줬는가? 그래서 충분히 '이자'를 받았는가?'

> 올해 은행사업이 잘되었는가?
> 1. 대출을 많이 해 줬는가?
> 2. 충분히 '이자'를 받았는가?

그렇다면 분명히 사업을 잘 못하는 은행이 생길 수 있다. 예금만 많이 받고 대출을 많이 못했으면 은행사업을 잘 못한 것이다. 은행은 '대출'을 해 주고 싶어 한다. 단, '돌려받을 가능성'이 높은 사람에게만 그렇다. 그런데 은행이 그런 사람을 직접 찾기는 어렵다. 은행은 '대출 영업'을 직접 나갈 수 없으니 외부 업체에 '대출 영업'을 맡긴다. 그 업무를 담당하는 회사가 대출모집법인이고 여기 소속된 직원이 '대출상담사'이다. 대출이 필요한 상황이라면 이들에게 적극적으로 연락을 돌려서 상담을 받는 게 현명한 방법이다. 단, 대출상담사가 워낙 많이 있기 때문에 자신에게 맞는 조건을 찾을 때까지 '대출상담사' 여럿에게 상담을 받아야 한다. 직접 은행을 방문하지 않고 '전화'로 여러 번 상담이 가능하다는 장점이 있다.

택배기사 된 목사의
생존경제학

제4장 Who '이성'
"돈을 누가 버는가?"
이성적인 사람이 돈을 지킨다.

who

제4장 Who '이성'
"누가 돈을 버는가?" - 이성적인 사람이 돈을 지킨다.

정말 '운'이 나빠서 실패했을까?

삼십대 초반, 목사가 된 지 얼마 안됐을 때의 일이다. 교회에서 멀리 계시는 분을 방문하게 되었다. 이동하는 차에서 그분의 근황을 들었다. '자동차 정비 관련 전국대회 1등'을 거머쥔 명장이었다. 그 설명을 듣자 주눅 들지 않으려고 넥타이를 고쳤다. 차는 고속도로를 나와 시내로 들어갔다. 그런데 이상하리만큼 깊숙이 들어갔다. 주변을 둘러보니 여기는 마을도 없고, 상가도 없었다. 한껏 움츠린 나의 예측과 달리 동네가 상당히 외진 곳에 위치했다. 필히 사정이 있는 느낌이었다. 작업장 정면에는 잘 보관된 증명서가 걸려 있었다. 들은 대로 전국대회 1등 수상자가 맞았다. 이것까지 확인하자 의문은 더 커졌다. '어째서 전국대회 우승자가 이 후미진 곳에 와 계실까?'

한쪽에 마련된 작은 숙소로 들어갔다. 이분이 여기까지 오게 된 사연을 들었다. 전국대회에서 우승을 하자 동업하자는 사람이 여럿 나타났단다. 그래서 그중 한 분과 동업을 시작하셨다고 했다. 사업을 크게 했고 몇 년간 잘되었는데 결국 사기를 당했다고 하셨다. 조심스레 어떤 사기를 당했는지 여쭤 보았다. 알고 보니 동업이 아니라 자기 혼자 명의였단다. 동업인 줄 알고 사업을 시작을 했는데, 실제로는 혼자 일을 벌이게 된 격이라는 말씀이었다. 듣고 있던 나는 '그럼 혼자 이끌어 가셨으면 되지 않았느냐?'라고 되물었다. 그러자 그의 대답은 이랬다. '사업이 잘못되고 빚이 늘어나니까, 동업자가 자연스럽게 빠져나갔다. 당연히 빚도 두 사람에게 나뉘는 줄 알았는데, 본래 자기 혼자 명의였으므로 모든 빚이 자기에게만 남았다.' 이 사실을 깨닫자 사람을 피해, 가족을 피해, 이 먼 곳까지 왔다는 것이다. 이야기를 마치고 나오자 '전국대회 우승 증명서'가 다시 눈에 들어왔다. 이상하게도 아까와 달리 빛이 많이 바래 보였다.

나는 목사일 때 이런 분을 숱하게 봤다. 심방을 갔는데 댁에 남자분이 있으면 열중 아홉이 그랬다. 그게 남편이든, 아들이든, 할아버지든 상관없다. 사기, 도박, 사업 실패 등 눈물 없이 들을 수 있는 사연은 없었다. 그런데 신기한 건 20~30년이나 된 사건을 마치 어제 일어난 일처럼 생생하게 말하는 것이었다. 사연은 다양하지만, 마무리는 마치 짠 듯이 똑같았다. "제가 그것만 아니었어도 여기서 이러고 있을 사람이 아닌데, 그렇죠?"

나는 목사를 그만두고 사진작가가 되었다. 대만에 건너가 1년 반 정도 활동했고, 한국에 들어와 사진작업실을 차렸다. 그리고 정확히

8개월 만에 사진작업실에 홍수가 나서 사업에 실패했다. 그것도 한겨울에…. 심지어 일주일 간격으로 두 번이나 말이다. 나에겐 두 대의 카메라가 있다. 두 대 전부 전문가용 최고급 카메라이다. 사진작업실에 홍수가 나기 전 날 밤 다행인지 불행인지 이놈들과 함께 퇴근했다.

명절연휴를 맞아 두꺼비집을 내렸고, 연휴 동안 작업실에 홍수가 났다. 집주인과 지지부진한 다툼이 계속됐다. 먼저 백기를 든 건 나였다. 보증금이라도 돌려받아야 했다. 오히려 내가 작업실을 깨끗이 비워주기로 합의했다. 짐 정리를 마치고 보증금을 돌려받는 날, 집주인은 돈을 건네주기 전에 서류를 먼저 꺼냈다. "다시는 홍수 사건을 문제 삼지 않는다." 서명하고 돈을 돌려받는데 시간이 멈춘 것 같았다. 그날 이후 내 카메라 두 대는 몇 년째 장롱에 처박혀 있다.

어쩌다 카메라를 꺼내면 하고 싶지 않은 생각이 저절로 떠올랐다. '내가 홍수만 아니었어도, 이럴 사람이 아닌데….' 나야말로 내가 만났던 그 남자 분들이 되어 있었다. 10년 전에 겨우 1시간 남짓 만난 분들인데, 그제야 그 마음을 알 것 같았다. 나도 어제 일처럼 이야기하고 있었다. 내 이야기의 결론도 똑같았다. "분명 촬영 실력이 있는데, 실패했다. 내가 잘못한 게 아니다. 건물 배선공사 잘못이고, 펌프 고장 때문에 홍수가 난 거다. 난 잘못한 게 없다." 사진작업실이 왜 실패했는지 아무리 돌이켜도 도대체 이해할 수 없었다. 아니, 너무 억울했다. '홍수, 그 홍수만 아니었어도….'

나의 억울함은 점점 자라났다. '분명 실력이 있었는데, 왜 성공하지 못했을까?' 그 생각을 한참 하고 있을 때 사람들 없는 곳으로 숨어버린 고수들이 눈에 들어왔다. 허름하고 외진 상가에는 이상하게 고수가 많았다. 사연 있는 고수 말이다. 나 같은 처지의 사람들을 만나 괜히 말을 걸고 사연을 들어 보았다. 한결같다. '이유 없는 실패'는 없었다. 문제는 '운'이었다. 우리 주변에는 이런 처지의 고수가 많다. 사기를 당한 유명 연예인이 뉴스에 자주 등장한다. 고연봉을 받는 운동선수가 파산한다. 과소비, 투자사기, 명의사기 등 알려지지 않았을 뿐 사연은 엇비슷하다. 대부분 이름만 대면 바로 알 수 있는 유명한 사람들이다. 전문직종도 마찬가지이다. 겉으로 보기에는 문제없을 것 같은 대형병원이 빚에 허덕이고, 개인병원을 내신 분들은 '병원 인테리어'만 억대 창업비용을 걸고 시작한다. 변호사라는 직업도 '사건의뢰'를 받기 위해 치열하게 노력해야 하며, 아무리 실력이 좋아도 고객이 없어 경제적으로 어려운 사람이 많다.

이런 실패는 평범한 사람의 삶에서도 자주 일어난다. 퇴직자의 은퇴자금은 모두 창업비용으로 투입되어 하루아침에 물거품이 된다. 이름 있는 사업가도 종국에는 주택담보대출까지 끌어 자기 집을 날린다. 내 주변에도 주식으로 목돈을 날린 사람이 다수 있다. 택배기사를 할 때도 그랬다. 배송특급의 실력 있는 사원이 실제로는 매달 빚 상환으로 허덕였다. 그래도 항상 똑같은 말을 했다. '사람을 잘못 만나서, 운이 없어서, 때가 맞지 않아서.' 이제 그런 이야기는 충분히 들었다. 나야말로 그랬으니까. 그래서 내가 정말로 궁금한 건 이것이었다. '분명히 실력이 있는데 왜 실패한 걸까? 정말로 운이 나빠서 실패했을까?'

자신의 부족함을 인정하는 것이 '이성'이다.

고수들의 실패를 보면서 한 가지 질문이 떠올랐다. "진짜 실력이란 무엇일까?" 나는 오랫동안 '실력'이 무엇인지 곱씹어 보았다. "공동명의인 줄 알았는데, 실제론 나 혼자 명의였다?" 사정은 애석하지만 '계약서'를 볼 줄 몰랐다는 뜻이다. 은퇴자의 창업은 대부분 실패로 끝난다. 은퇴자금과 대출은 그나마 괜찮다. 심지어 가족과 이웃에게 빌린 돈으로 업장을 차린다. 작은 가게를 운영해 본 적도 없는데, 처음부터 사업장을 크게 차린다. 이들의 사연을 살펴보면 주로 "장사가 안 된다!"고 말한다. 이 말도 맞다. 하지만 그 말은 고객이 어떻게 내 물건을 사는지 잘 모른다는 말도 된다. 결국 막연히 돈이 벌릴 거라 기대하고 '사업'을 시작한 것이다.

고소득자는 '돈'을 버는 방법에는 고수일 것이다. 하지만 돈을 관리하는 방법, 소비를 통제하는 방법, 매출을 관리하는 방법 등을 모르면 밑 빠진 독에 물을 붓는 격이다. 아무리 많이 벌어도 '돈 관리'를 못하면 실패한다. 종종 매출과 순이익을 구분하지 못하는 사업가도 있고, 세전과 세후의 수익을 구분하지 못하기도 한다. 실력 있는 직원도 마찬가지이다. 아무리 일을 열심히 한들 계약서 없이 일을 하면 월급을 받을 길이 없다.

고수들이 숨어 버린 이유는 비슷하다. '돈' 문제로 실패하면 '사람'에게 실망하고, '사람'에게 실망하면 '인생'을 포기한다. 더는 세상을 살 이유가 없어진 것이다. 사람을 믿지 못하고 세상을 원망한다. 이쯤 되면 산으로 들로 숨는다. 실패를 인정하기보다 세상이 자신을 속여서 이렇게 됐다고 한다. 맞다. 그것도 맞는 말이다. 나쁜 사람도 많고, 운도 없었다. 너무나도 맞는 말이다.

야심 차게 사진작업실을 차린 지 정확히 8개월 만에 두 번의 홍수를 맞고 완전히 실패했다. 그때 나도 산에 들어가고 싶다는 생각, 다리에서 뛰어 내리고 싶다는 생각, 사람이 싫어서 인생을 포기하고 싶다는 생각을 자주 했다. 하려고 해서 하는 게 아니다. 그런 생각이 저절로 피어오른다. '홍수만 아니었어도 내가 이럴 사람이 아닌데, 아! 가만 생각해 보니 거길 소개해 준 부동산 중개인도 한패거리구나!' 실패는 본능적으로 '이유'를 찾는다. 그와 동시에 '본능'은 실패의 주인공이 '나'는 아니라고 위로해 준다. 그래서 더욱 본능에 끌린다. 본능대로 '나'를 제외한 모든 대상을 '원망'했다. 이유야 만들면 수십억 가지도 댈 수 있다.

'나는 분명 실력이 있는데, 왜 실패했을까?' 아무리 생각해도 왜 실패했는지 이유를 알 수 없었다. 한참이 지나 한 가지를 깨달았다. 나는 나 자신에게 솔직하지 못했다. 그게 덜 고통스럽기 때문이다. 진실은 이랬다. '이 모든 실패가 내 실력이라고 인정하기가 너무 어려웠다.' 늦었지만 이게 진실이다.

자기 모습을 인정하는 방법

경제사정이 어려우면 딱 한 번의 기회를 100% 성공시켜야 하는 강제적인 상황에 놓인다. '돈'이 없다는 것은 시행착오 기회가 '부족'하다는 것이다. 무엇을 하든 부담이 더 클 수밖에 없다. 그래서 돈을 쓰고 그 결과가 만족스럽지 못하면 본전 생각이 간절해진다. 하필 경제적으로 어려울 땐 그런 일이 더욱 자주 벌어진다. 먹을 것, 입을 것, 쓸 것, 배울 것 등…. 한 번의 기회로 꼭 성공시켜야 하기 때문에 실패 부담이 더욱 커진다. 그래서 실패하면 안 된다고 굳게 다짐한다. 그런데 그 강한 다짐과 달리 결과는 실패한다. 실패를 돌이킬 수 없으니 그것을 선택한 나 자신을 탓한다.

좀 더 이야기를 나가보자. 그런데 마침 그렇게 시도한 일이 '처참히' 실패했다면 어떻게 될까? 꼭 성공시켜야 하는데 도리어 처참히 실패했다면 말이다. 더구나 조금도 돌이킬 수 없는 '완전한 실패'라면 어떻게 될까? 분명 누구나 자신을 자책하고, 다른 사람을 원망하는 마음이 불처럼 일어날 것이다. 산으로 들로 숨어버린 고수들의 마음을 충분히 공감한다. 이미 '돈'을 다 써서 돌이키기 어려운 상황이고, 심지어 돌려받을 길조차 없다면 정말 당연한 반응이다. 자책하고 절망하는 게 인간의 본능이다. 안 하고 싶다고 안 할 수 있는 게 아니라 이게 인간의 본모습이기 때문이다.

돈과 시간을 썼는데 사기였고, 배신이었고, 가짜였다. 돌려받을 길은 전혀 없고, 돌이킬 수도 없고, 일이 완전히 끝나 버렸다. 경제학에서 이런 상황을 매몰비용이라고 한다. '어떤 선택의 번복 여부와 무관하게 회수될 수 없는 비용' 심리학 용어가 아니라 경제학 용어란다. 그래, 이걸 경제학 용어로 아무 '감정'도 이입하지 말고, 저 먼 나라 무역하는 기업의 이야기라고 치부하면 매! 몰! 비! 용! 네 글자가 참 그럴듯해 보인다.

그러나 실제로 '매몰비용'을 경험한 사람이 그 일을 떠올릴 때는 이건 정말 엄청난 고통이다. 부모님 때문에 선택한 '진로'나, 친척이라 계약서 없이 건넨 돈, 지인이라 믿고 서 준 '보증', 가족인 줄 알고 송금한 '피싱', 믿었던 선배의 '투자사기'는 '매몰비용'이 너무 크다. 이렇게 매몰비용이 크면 자책도, 원망도, 분노도 커진다. '돈'은 다시 벌면 된다? 맞다. 다들 그 정도는 안다. 그런데 진짜 아까운 것은 그 돈을 모으기 위한 노력과 그 돈을 사용하는 데 쓴 시간, 그 돈을 건네준 '믿음' 때문이다. 노력, 시간, 믿음. 진짜 소중한 건 돌이킬 수 없다. 그래서 더 고통스럽다.

지금 경제적으로 완전히 실패했다면 우선 그 아픔에 완전히 공감한다. 나도 돈 때문에 '슬픔'을 느끼고 '억울함'을 당하며 '고통'받는 보통의 한 사람이다. 아픔과 상처는 '시간과 사람'이 위로해 줄 것이다. 다만 지금은 이성적인 이야기만 해 보겠다. 세계적인 베스트셀러 스티븐 코비의 ≪성공하는 사람들의 7가지 습관≫은 이렇게 말한다. "내가 바꿀 수 있는 것과 내가 바꿀 수 없는 것을 구분하고, 내가 바꿀 수 있는 것은 '노력'하고 내가 바꿀 수 없는 것은 받아들이라!" 나는 이 말이 이성이 무엇인지 가장 잘 표현한다고 생각한다.

그렇다면 돌이킬 수 있는 것과 돌이킬 수 없는 것을 구분해 보자. 잃어버린 돈, 실패했다는 사실, 땅에 떨어진 체면, 좀 전에 하던 그 사업과 그 모습 등은 돌이킬 수 없고 계속될 수도 없다. 어쩔 도리가 없다. 매몰비용이다. 길은 하나밖에 없다. '받아들이기!' 받아들일 수 없다면 당분간은 돌이키기 위해 최선을 다해도 된다. 다만 내가 말하고 싶은 건, 충분히 '매달려 봤으면' 이제 변하는 게 없다는 사실을 받아들이길 바란다.

그럼에도 불구하고 '본전 찾기'에 집착한다면 소중한 당신의 인생은 그날부로 끝이다. 실패한 그날 그 모습 그대로 살아있는 미라가 될 것이다. 나는 '주식투자'를 권장하지 않는다. 아니 내 지인이었으면 뜯어 말렸을 것이다. 특히 '트레이딩'이라고 해서 단기 시세차익을 추구하는 '주식투자'는 두 손 들고 말린다. 물론 내 뜻대로 상대의 뜻을 꺾을 어떤 비법도 없다는 걸 너무나도 잘 안다. 그럼에도 불구하고 나는 호들갑 떤다. 왜냐하면 트레이딩 주식투자는 '본전 찾기의 오류'에 빠지기 때문이다. 경마, 도박, 로또, 사기 등으로 한방에 빠진 분들의 증상이 똑같은 이유가 그렇다. '본전'을 찾을 수 없는데 본전을 찾으려 드니 이게 다름 아닌 '도박중독'이다. 자책과 원망과 불평…. 지옥은 매우 가까이에 있다. 인간은 매우 '연약한 정신체계'를 갖추고 태어났다.

다시 한번 자기 자신에게 물어보자. "정말로 '계약서'를 볼 줄 몰랐나?", "정말로 '사람'을 볼 줄 몰랐나?", "정말로 '상품'을 볼 줄 몰랐나?", "정말로 이럴 줄 몰랐나?" 여전히 나는 잘못이 없다고 한다면 이 글을 더 읽을 필요가 없다. 그러나 뭔가 느끼고 있다면 이제 고통스럽지만 받아들여야 한다. 그때 그 부족하고 어리석었던 선택마저도 내가 했다고 말이다. 받아들여야 한다. 우리는 실수하고 실패하는 인간이다. 그럴 수 있다.

이성이란 '모든 일은 내가 했고, 이 모든 결과가 내 실력이고, 지금 이 모습이 내 인생이다'라고 인정하는 것이다. 나 역시 이것을 받아들이자 내가 왜 실패했는지 그 '진실'을 마주할 수 있었다. '나는 고수가 아니었다. 실력이 좋지 않았다.' 몰랐고 부족해서 실패했다. 내가 실력이 없고 뭘 잘 모른다는 사실이 참 고통스러웠다. 그러나 자책은 아니었다. '그럴 수 있다. 수고하고 애썼다'라고 인정했다. 인간이라면 누구나 실수하고 실패한다. 나도 인간이어서 그랬다.

자, 그럼 이제 무엇을 노력하고, 무엇을 바꿀 수 있을지, 이성의 힘을 적극적으로 빌려보겠다. 매몰비용을 극복하는 유일한 방법은 초점을 옮기는 것이다. '본전 찾기'에서 '성장과 발전'으로 시선을 돌리는 것이다. '과거'에서 '미래'로 초점을 옮기는 것이다. '이 사건을 통해서 무엇을 배웠는가?', '앞으로 하지 말아야 할 행동은 무엇인가?', '더 나아지려면 어떻게 해야 하는가?' 미래에 집중해야 한다. 절대로 본전 찾기가 목표가 될 수 없다. 더 나은 사람, 더 나은 인생, 더 나은 내일이 목표여야 한다. 오늘보다 내일은 더 행복해질 것이다. 잃어버린 모든 돈과 시간은 귀중한 경험치가 될 것이다. 그러므로 '이 일을 통해 무엇을 배웠는가?', '그리고 더 나은 인생을 살려면 어떻게 해야 하는가?' 여기에 집중해야 한다.

이성의 힘을 인정하면 성장한다.

'정신병자'를 치료할 때 가장 어려운 단계로 제1단계를 꼽는다. '환자 자신이 미쳤다고 인정하는 것'이다. 환자가 인정만 하면 치료가 수월하기에 정신과 치료는 '인정'이 치료의 절반이다. 세상 모든 문제는 해결 방식이 동일하다. 해결하고 싶은 문제가 생겼다면 제일 먼저 문제를 '인정'해야 한다. 살을 빼고 싶다면 '살쪘다'고, 돈을 모으고 싶다면 '돈이 없다'고, 불행하면 '불행하다'고 인정해야 한다.

무엇이 문제인지 정확히 '정의'하지 못하는 그때가 가장 혼란스럽다. 힘들지만 뭐가 힘든지 모르면 더 힘들다. 문제가 뭔지 모르면 해결 방법도 알 수 없기 때문이다. 실패했는데 실패 안 했다고 우기니 안 힘들다고 하면서 계속 힘들어한다. 문제를 가장 빠르게 해결하는 길은 '문제'를 빠르게 '인정'하는 것이다.

그런데 왜 인정하기가 어려울까? 우리는 우리 자신의 '부족함'과 '모자람'을 있는 그대로 받아들이지 못하게 태어났기 때문이다. 자기를 보호하려는 '본능'은 타고난 '본능'이다. 누군가가 우리의 '잘못, 부족함, 무식함'을 지적하면 우리는 곧바로 '아니요'라고 대답하도록 설계되어 있다. '모른다'고 인정할 때 인간은 자신을 완전히 부정당한다고 느낀다. 평범한 사람이든 전문직이든 상관없다. '잘 모르겠습니다'라고 순순히 말하는 의사, 변호사가 과연 존재할까? 이건 '실력과 성품'의 문제가 아니다. 이건 인간 본능에 관한 것이다. 누구나 어렵다. '모른다, 잘못했다, 내 실수다.' 이 말을 못 하게 태어났다.

택배기사로서 처음으로 배송한 물건을 잃어버린 날, 고객에게서 전화가 왔다. 어디에 사는 누구인데 문앞에 물건이 없다고 했다. 그 순간 제일 먼저 든 생각은 '아, 분명히 제대로 줬는데, 거짓말하네!'였다. 그리고 몇 개월은 정말 그렇게 믿었다. 그런데 어느 날은 스스로 생각해도 이상한 것 같아 대리점 대표에게 상담을 청했다. 그러자 대뜸 그랬다. "나도 예전에 그랬어!" 대표도 그랬다고 하니 위로가 되었다. 안심하고 넘어가려는데 별안간 한마디를 덧붙였다. "응, 그런데, 사실 99%, 네가 잘못 배송한 거야!" 그러고도 이걸 받아들이는 데 1년이 더 걸렸다.

"제 잘못입니다. 잘 모르겠습니다." 내 모습을 인정하는 것이 세상에서 제일 어렵다. 본능이 발동한다. "그럴 리 없어! 내가 잘못해서 그런 게 아니라니까!" 그러나 모든 문제 풀이는 '인정하기'부터 시작한다. 경제적으로 어려운 사람이 당장 아무것도 실행하지 않는 것을 보면 나도 예전에는 세상이 이렇게 어렵고 힘드니 그럴 수 있다고 생각했다. 의사나 변호사처럼 '고소득자'로 분류된 직업이면 잘될 것 같았고, 택배기사나 계단청소를 하면 '일'을 잘못 만나서 고생하는 것 같았다. 그렇게 시작된 '불평'은 '부모 잘못 만나서', '나라를 잘못 태어나서'로 이어진다. 그것도 일부 이유이다. 아주 아니라고 할 수 없다. 다만 더 큰 문제는 그 '사실'을 아직 받아들이지 않았다는 게 문제이다.

진짜 문제는 '자기 자신을 인정하지 못한다는 것'이다. 잘 모르겠는데 아는 척하고, 잘못했는데도 계속 그게 아니라고만 한다. 실제로는 아무 것도 하지 않으면서, '이건 이래서 안 된다! 저건 저래서 안 된다!' '이유'가 많다. 누구라도 지금 이렇게 하고 있다면 '아, 내가 지금 내 모습을 인정하지 못하고 있구나' 하고 빨리 알아차려야 한다. 그게 '본능'을 대하는 이성의 힘이다.

내 주변에는 '성과'를 얻은 사람이 꽤 많이 생겨났다. 무일푼으로 시작해 집을 사고 사업도 시작한 사람, 청약에 당첨된 사람, 어마어마한 부모의 빚을 대환한 사람, 빚을 청산하고 미래를 그리기 시작한 사람 등이다. 조금만 상담을 해 줘도 팍팍 성과가 나오니 처음엔 모두 내 능력인 줄 알고 정말 좋아했다. 그런데 그게 아니었다. 말하는 사람은 아무 힘이 없다. '듣고 인정하고 실행한 사람'이 결과를 내는 것뿐이다. 성과를 낸 사람들의 공통점은 하나같이 '잘 모른다며 조언을 구한 사람'이었다. 반대로 아무리 좋은 얘기도 '인정'하지 않으면 실행하지 않는다. 완전히 '실패하는 방식'으로 일을 하고 있어도 인정하지 않으면 그를 구원할 방도가 없다.

인정하면 죽을 것 같다. 절벽에서 떨어져 죽을 것 같은 느낌이다. 그러나 분명한 것은 인정해도 죽지 않는다. 실제론 아무 일도 일어나지 않는다. 모든 두려움은 가짜이기 때문이다. 예수님도 십자가에 못 박히시기 전에 두려움을 느꼈고, 세종대왕이나 이순신 장군 같은 위인도 똑같이 두려움을 느꼈다. 농구선수 마이클 조던도 두려움은 환상이라고 했다. 성경도 우리에게 "여호와를 두려워하는 것이 지식의 첫걸음이다"[8] 라고 말해 주었다.

모든 두려움은 우리의 상상과 느낌이 만들어 낸 거대한 환상일 뿐 실제로 어떤 위협도 가하지 않는다. 우리는 어떻게든 두려움을 만들고, 고통을 느끼고, 머뭇거리는 본능을 가지고 있다. 본능을 이기는 방법은 고통과 두려움을 받아들이는 것이다. 그저 두렵다고 인정하면 용기가 생기고, 모른다고 말하면 지식이 들어갈 '공간'이 생긴다. 문제가 무엇인지 '인정'하면 마음의 문이 열린다. 마음이 열리면 귀가 열리고, 귀가 열리면 눈도 뜨인다. 인정하면 성장하지만, 인정하지 못하면 제자리걸음이다.

때때로 '경제 상담'의 끝이 보이는 사람들이 있다. 묻기는 묻는데 도통 듣질 않는다. 왜 물었을까? '자기 말이 맞지? 확인하러 온 걸까?' 방법을 잘 알지 못하지만, 그래도 아주 모르지는 않는다는 느낌을 꼭 풍긴다. '나 이만큼 알고 있는데, 내 말이 맞지?' 하는 허세도 보인다. 그런데 제일 많이 느껴지는 건 역시 '나는 사실 잘 모르는데, 모른다고 말하면 잘못될 것 같다'라는 두려움이다. 두려움을 감추기 위해 허세를 부리고, 허세를 들키지 않기 위해 필사적으로 아는 척한다. 경제적으로 실패한 것을 감추기 위해 '운이 없어서' 실패했다고 한다. 실력을 쌓는 데 시간을 쏟기보다 성공한 사람처럼 보이는 데 애쓴다. 자신을 인정하지 못하고, 끝까지 속이고 있기 때문이다.

나는 어쩌면 그들의 속마음을 잘 알까. 다른 데서 찾을 필요 없다. 이글을 쓰는 내가 그랬으니까. 그래도 핑계를 댄다면 본능이 그래서 그랬다고 말하고 싶다. 비겁하고 나약한 나를 지키기 위한 본능 말이다. 하지만 소중한 인생을 자신을 속이는 데 쓸 수만은 없다. 그것

---

8) 잠 1:7

도 나중엔 돌이킬 수 없다. 비겁하고 두려워서 그랬다고 나의 실패를 손가락질하는 사람도 없었다. 오히려 그런 본능을 인정하면 한 걸음 더 나갈 수 있다.

이성 1. 계약은 글과 숫자로 한다.

> 질문자 : "수많은 사람이 밥을 먹는 이유가 무엇인지 아시나요?"
>
> 답변자 : "다양한 이유가 있겠지만, 대부분은 배가 고프다는 느낌 때문에 어쩔 수 없이 밥을 먹는다고 생각합니다. 그러나 그들이 밥을 먹는 진짜 이유는 여전히 밝혀진 게 없습니다."

이 답변자가 전달하고자 하는 핵심은 무엇일까? 질문의 의도도 무엇인지 모르겠지만, 답변자도 무얼 말하려는지 모르겠다. 그저 그럴듯한 말이 가득하다. 때때로 사람들의 대화가 이렇다. 아무 주장도 이유도 없이 오직 '대화'를 위해서 하는 말이다. 위의 답변에 사용한 단어를 살펴보자. '수많은, 다양한, 대부분'이라는 표현은 '추상적인' 표현이다. 실제로는 아무 숫자도 말하지 않았다. '배가 고프면 밥을 먹는다'라는 말도 너무 당연한 말이라 굳이 필요가 없는 말이다. 그러므로 위의 답변을 한마디로 줄이면 "잘 모르겠습니다"이다.

무언가 말을 많이 했지만 "잘 모르겠다"라는 말을 길게 한 것이다. 실제론 아무 정보도 전달한 게 없다. 이런 말을 '실체가 없는 말'이라고 한다. 이런 말은 사람들이 종종 자기 잘못을 감추기 위해 사용하거나 정확한 사연을 알 수 없는 연예인 이야기 또는 소문으로 들은 제3자의 경험을 전달할 때 사용한다. 이런 말을 듣다 보면 자연스럽게 "그래서 왜? 그게 어떻게 그래?"라고 재차 묻는다. 그러면 "나도 잘 몰라! 뭐 어쨌다나…" 하고 맥없이 대화가 끝난다.

'실체가 없는 말'은 주로 '돈' 얘기 할 때 가장 많이 나타난다. "야,

내가 아는 사람이 ○○억 원을 벌었대! 너도 한번 해 봐", "제 친구가 이거 꼭 성공한다고 해서 하는 건데요!", "너 이 돈 어디서 났어? 이거 오다가 주은 거야!", "1억 원 빌려주면 한 달에 200만 원씩 줄게!", "이게 신종사업인데, 딱 너에게만 알려주는 비밀이야!" 이런 이야기를 들으면 혹하는 마음에 되묻는다. "어떻게? 왜?" 그러나 십중팔구별 소득 없이 끝난다. 특히 돈 얘기는 '주장'만 있고, '이유나 근거'가 없는 실체 없는 말이 많다.

이성이란 '이 말이 진짜인지 아니면 실체가 없는 말인지 구별하는 능력'이다. 실체가 있다면 설명이 가능하고, 글로 쓸 수 있으며, 그 이유가 모두에게 타당해야 한다. 자기 생각이 맞는지 틀린지 스스로 점검하고 싶다면 다른 사람에게 말로 설명해 보면 된다. 상대방이 설득되지 않는다면 글로 옮겨 보라. 하고 싶은 말을 최대한 간단하게 '주장'과 '이유'를 적은 뒤 상대방에게 보여주면 된다. '주장'과 '이유'가 타당하면 상대가 끄덕일 것이다. 반대로 다른 사람의 말을 확인하고 싶을 때도 마찬가지이다. 그 사람이 직접 설명하고, 글로 쓸 수 있으며, 그 이유가 제3자에게도 타당해야 한다.

누군가 나에게 '돈' 얘기를 꺼낸다면 지금 그 이야기를 '주장과 이유'를 함께 적어 달라고 요청하면 된다. 특별히 '돈'은 구체적인 숫자를 적어 달라고 하는 게 좋다. 이해가 잘 안 된다고 하면서 글로 달라고 부탁하는 게 좋다. 이렇게 요청했는데 상대가 꺼리면 진심이 아닐 개연성이 크다. 만약 현장에서 결정을 유도하면 "결정은 나중에 하겠다"라고 대답하는 게 좋다. 절대로 현장 분위기에 끌려 결정하면 안 된다. '돈' 얘기는 이성적으로 해야 한다. 글로 대화하면 이성적으로 대화할 수 있다. 말로만 하는 돈 얘기는 실체가 없는 대화이다. 상대방의 말을 확인하고 싶다면 '글과 숫자로 주장과 이유를 써서 문서로 달라고 요구해야 한다'. 그리고 그 문서를 제3자에게 확인해서 '참과 거짓'을 확인받으면 된다.

이성적인 사람은 글과 숫자로 대화한다. 계약은 글과 숫자로 하는 약속이다. 에덴동산 밖에서는 한정된 자원을 두고 수많은 사람이 충돌한다. 거짓말도 서슴없이 하고 남을 속이는 일도 비일비재다. '우리끼리 무슨 계약서냐!'라고 감정과 의리에 호소하는 사람이야말로 가장 경계해야 할 사람이다. 실체가 없는 말에 속아 '돈'을 건네고 일이 잘못되면 매몰비용이 발생한다. 다시 한번 말하지만 매몰비용을 돌이킬 수 있는 방법은 없다. 그래서 예방이 최선이다. 처음부터 제대로 된 계약을 해야 한다. 계약은 '글과 숫자'로 이루어진 약속이다.

나는 아버지 덕분에 이 법칙을 깨달았다. 아버지는 내가 초등학교 6학년 때 사업에 실패했다. 경매와 압류, 빚 독촉, 회생 등…. 아버지 덕분에 특별한 배움을 얻었다. "우쭈쭈" 하는 말을 내 뱉으면 모든 것을 내어줄 것 같은 아버지, 주변 사람들이 이런 아버지를 꾀는 것은 식은 죽 먹기였다. 글보다 말을 좋아하셨던 아버지는 늘 즉흥적이었다. 새시업자였던 아버지는 내가 열세 살 때 건축업자인 교회 동료분과 아파트를 짓겠다고 동업했다가 부도가 났다. 아버지는 늘 "아파트 진입로가 허가가 안 나서 부도가 났다!"라고 했다. 경제 공부를 하고 나니 진실은 좀 다른 데 있었다. 그냥 속은 거였다. 실력이 없고, 거짓말을 구별할 능력이 없으니 이성적인 판단을 못 하셨다. 정 사장, 이 사장, 김 사장, 나와 동생을 만나면 십분도 안 돼 삼촌이라 부르라던 사람들, 십 중의 십이 그랬다. 실체가 없는 말의 연속이었다.

복 있는 사람은 악한 자들의 말을 듣지 않고 죄인들을 본받지 않으며 하나님을 조롱하는 자들과 어울리지 않고[9] 라는 성경말씀이 있다. 실패의 첫 단추는 이성적인 판단이 흐려지고 마음을 빼앗기면서 시작된다. 실체가 없는 말에 귀를 기울이면 어느새 그 자리에 앉아서 그들의 말을 대변하게 된다. '이 사람들 절대 그럴 일 없다.' 그래 바로 이 말이다. 이 말에 중독된 순간 '아 내가 속고 있구나!' 하고 재빨리 알아차려야 한다. 지금 필요한 것은 '계약서'이다.

돈과 법은 자본주의가 만든 최선의 소통 방식이다. 돈과 법은 '약속'을 지키도록 하기 위해서 만들어졌다. 아무리 '열정, 의지, 확신'으로 약속한다고 해도 '손해' 볼 일이 없으면 약속을 지키지 않아도 되는 '환경'이 된다. 이렇게 되면 약속은 파기될 확률이 높다. '본능'은 '이성'보다 계산이 빠르다. 실체가 없는 말을 마구하는 사람들이 '계약서'를 비웃으며, 입으로만 '신뢰와 약속'을 강조하는 이유도 마찬가지이다. 약속을 지키지 않으려고 '출구'를 만드는 수작에 불과하다.

약속을 지키기로 결심했다면 오히려 돈과 법에 맹세한다. 약속을 지키지 않으면 '손해'볼 수밖에 없도록 한다. 약속을 지키는 데 신실

---

[9] 시편 1:1

한 사람은 기꺼이 그렇게 한다. '글과 숫자'로 계약서를 작성하고 직접 도장을 찍는 사람이야말로 기꺼이 약속을 지킨다. 그러므로 '우리 사이에 뭐 이런 거를 써…'라고 말하는 사람이 나타나면 즉각 이성의 끈을 붙잡아야 한다. "우리 사이니까 더욱 써야죠."

이성 2. 이성적인 사람은 자신의 환경을 통제한다.

자신과 한 약속을 지키는 방법도 마찬가지이다. '열정, 의지, 확신'은 '그럴 수밖에 없는 상황'을 만들 때 완벽해 진다. 자신과 한 약속을 지킬 수밖에 없는 환경을 만드는 것이 진짜 열정, 진짜 의지, 진짜 확신이다. 결심을 지키지 않아도 손해 볼 게 없으면 아무리 마음을 먹고, 아무리 확신을 해도 변하지 않는다.

인간은 '이성'보다 '본능'이 강하다. 열정, 의지, 확신은 '감정'의 다른 얼굴들이다. 열정은 뜨거운 마음, 의지는 할 수 있다는 마음가짐, 확신은 성공할 것 같은 느낌이다. 이런 감정은 소중하고 귀중하다. 하지만 감정은 오래 지속되지 않는다. 상황이 그대로이고, 환경이 그대로이면 감정은 천천히 사라진다. 심지어 상황이 변하고 환경이 변하면 감정도 변한다. 감정은 '환경'에 반응한 결과이다.

경제적으로 어려우면 각박해지고, 반대로 경제적으로 여유로우면 마음도 여유로워진다. 그래서 처절하게 가난하면 부모도 자식을 버릴 수밖에 없다. 자식을 버리고 싶은 사람이 아니라 자식을 버릴 수밖에 없는 환경이면 그럴 수밖에 없고, 약속을 지키고 싶지 않은 게 아니라 약속을 지킬 수 없는 환경이면 그럴 수밖에 없다. 환경은 강력하게 사람의 의지를 좌우한다. 그래서 언제나 의지는 '환경'에 패배하고 열정은 '본능'에 패배한다.

진정한 열정은 자신이 처한 환경을 바꾸는 것이다. 환경을 바꾸지 않으면 아무리 결심해도 '작심삼일'이다. 진정한 열정은 자신의 환경을 통제하는 이성적인 힘이다. 그렇게 할 수밖에 없는 환경을 만드는 것이다. 집중할 수밖에 없고, 실행할 수밖에 없도록 자신의 환경을 만들어 가는 힘이 이성이다. 목표를 1,000번이나 적는다 한들 아무 것도 변하는 게 없다. 이성적인 사람은 다음 3가지 방법으로 환경을 바꿔 '열정'에게 약속한다.

> 표준국어대사전
>
> ### 〈맹모삼천지교〉
> [孟母三遷之敎]
>
> 맹자가 어렸을 때 묘지 가까이 살았더니 장사 지내는 흉내를 내기에, 맹자 어머니가 집을 시전 근처로 옮겼더니 이번에는 물건 파는 흉내를 내므로, 다시 글방이 있는 곳으로 옮겨 공부를 시켰다는 것으로, 맹자의 어머니가 아들을 가르치기 위하여 세 번이나 이사를 하였음을 이르는 말.

1) 큰 환경 바꾸기(맹모삼천지교 전략)
예) 이사 가기, 직장 옮기기, 직업에서 사업으로 전환하기 등

삶의 터전을 완전히 바꾸는 방법이다. 자신이 원하는 삶의 터전으로 가야 한다. 거기에 가면 몸이 알아서 한다. 자신을 믿고 던져야 한다. 퇴사하라고요? 이사하라고요? 유학을 가라고요? 분명히 그럴 때가 온다. '생존본능'이 큰 원동력이 되어줄 것이다. 더는 이곳에서 '배울 것'이 없을 때는 과감하게 환경을 바꾸면 된다.

> 한경 경제용어사전
> **〈손실회피성〉**
> [loss aversion]
>
> 같은 금액이라면 손실을 이익보다 훨씬 더 크게 느끼는 현상을 가리킨다. 2002년 노벨경제학상을 받은 이스라엘 심리학자 다니엘 카너먼이 에이모스 트버스키와 함께 1979년 제시한 가치함수가 손실회피성을 잘 설명해 준다. 가치함수를 그래프로 그리면 좌우 비대칭의 S자 모양이 나온다. 이익 쪽보다 손실 쪽 그래프가 더 가파른 기울기를 보인다. 같은 금액이라면 손실에 대해 느끼는 가치의 크기가 이익으로 인한 가치의 두 배에 이른다.

2) 얻고 싶은 데 돈 쓰기(본전 회복 전략)

하고 싶은 것, 배우고 싶은 것, 알고 싶은 것이 있다면 돈을 써야 한다. 얼마나 변할까, 얼마나 얻을까 계산하지 말고 먼저 돈을 써야 한다. 여기서 중요한 것은 남의 돈이나 부모님 돈을 빌려 내지 말고 자기 돈을 써야 한다. '부모'가 주신 용돈 말고 밤새 알바해서 치열하게 번 내 돈, 신문 돌리고 택배 돌리고 몸이 부서져라 '시간'을 써서 바꿔 온 그 돈, 무엇보다 먼저 자기가 번 돈을 내야 한다. 앞서 말한 '매몰비용의 오류'를 긍정적으로 활용하는 것이다.

인간은 손해를 보면 본전을 찾으려고 한다. 손해를 볼 것 같은 행동은 애초에 하질 않으려 한다. 그러므로 본능을 역으로 이용하자. 자기 돈을 쓰면 자기 몸이 본능적으로 움직인다. 자기 돈 내지 않고 배우겠다? 의지가 거짓말일 때 공짜로 하려 한다. 공짜로 배우려 한다면 여전히 솔직하지 못한 자신을 발견해야 한다. 공짜로 배우면 고마움도 깨달음도 없다. '의지'라는 아름다운 거짓말뿐이다. 배우려고 했는데 안 됐다? 아니다. 배우려 하지도 않은 것이다. 배우고 싶다면 자기 돈을 내고 배우면 된다. 만약 낼 돈이 없다면 먼저 자기 시간을 들여 돈을 벌면 된다.

식물학백과

〈항상성〉
[homeostasis]

항상성은 살아 있는 생명체가 생존에 필요한 안정적인 상태를 능동적으로 유지하는 과정을 말한다. 항상성이라는 용어의 최초 사용에 대해서는 다양한 의견이 있지만, 1926년 미국의 생리학자 Walter B. Cannon이 그리스어 접두사 'homeo'(동일한)와 'stasis'(그대로 유지하다)를 합성하여 제안하였다는 점이 널리 인정된다.1) 오늘날 항상성의 개념은 생명체 외에도 광범위하게 사용된다. 이와 같이 개념의 범위를 넓히면 지구 환경이 동적인 변화를 거치면서도 매우 안정된 상태를 유지하는 과정도 항상성의 정의에 포함될 수 있다. 인체에서는 체온과 혈압의 유지 작용이나 혈액 속의 이온 농도 유지 등을 대표적인 항상성 유지 과정의 예로 들 수 있다.

---

3) 작은 환경 바꾸기(환경 조성 전략)

모든 생물은 '변화'를 싫어한다. 변화는 스트레스이고 고통이다. 안정적이고 평안한 상태를 유지하려는 것이 모든 생물의 본능이다. 그러므로 변화하고 싶다면 환경을 바꿔서 '적응'하도록 '유도'해야 한다.

'어학연수' 간 학생 중에는 햇수로 꽤 오래 되었는데 여전히 외국어를 못 하는 사람이 있다. 나는 대만에 살면서 그런 사람을 종종 보았다. 자기 주변을 온통 한인타운, 한국 친구, 한국어 동영상으로 채워 넣기 때문이다. 최종적으로 내가 사는 반경은 내가 통제한다. 변하고 싶다면 내가 집중하고 싶은 것으로 자기 주변을 채워 넣어야 한다.

같은 의미로, 집중하지 못하도록 방해하는 것은 당장 치워버려야 한다. 곤도 마리에의 ≪설레지 않으면 버려라!≫는 말한다. "사람들은 여전히 해결되지 않은 '감정'을 물건에 담아 한없이 모은다. 실상 정리하지 못한 감정이 물건에 남아 있는 것인데, 그 물건을 다시 찾아보면 이미 예전의 그 감정은 휘발되고 없다. 그런데 정리되지 않은 물건은 우리 주변에 남아 우리가 집중하지 못하도록 방해한다." 옷장에 쌓여 쓰지도 않는 물건, 책장에는 먼지 쌓인 지 오래된 책과 켜켜이 쌓인 추억 잡동사니가 가득하다. 당장 버리고 정리해야 한다. 텔레비전을 없애고, 2G폰을 쓰고, 가구 배치를 바꾸고, 책상을 정리해서 집중할 수밖에 없도록 해야 한다. 환경이 곧 열정이다.

이성 3. 이성적인 사람은 돈을 통제한다.

돈을 관리하는 방법도 같은 이치이다. '돈을 아껴야 한다. 돈을 모을 것이다!' 이런 결심으로는 아무 것도 모을 수 없다. 돈을 아낄 수밖에 없도록 '환경'을 만들어야 한다. 예를 들어 주머니에 1만 원이 있는데 5,000원만 쓰는 것과 주머니에 5,000원이 있는데 5,000원만 쓰는 것, 어느 것이 더 절약하기 쉬운가? 대답하기 어려운가? 그럼 비틀어 보자. 오늘 5,000원 쓰고 싶은데 주머니에 1만 원이 있는 것과 오늘 1만 원 쓰고 싶은데 주머니에 5,000원 있는 것, 어느 것이 더 절약하기 쉬운가?

그렇다. 주어진 돈이 쓸 돈을 결정한다. 1만 원이 주어지면 1만 원까지 쓸 수 있는 환경이고, 5,000원이 주어지면 5,000원까지 쓸 수 있는 환경이다. 당연히 5,000원만 가지고 있는 상황이 절약하기 쉽다. 5,000원 들고 있는데 1만 원을 쓸 수 없기 때문이다. 다시 한번 강조하지만, 환경이 의지를 결정한다. 주머니에 있는 '돈'은 다 쓰기 쉽다. 그러므로 절약하고 싶다면 처음부터 주머니에 쓸 만큼만 돈을 넣어야 한다. 주머니에 딱 사용할 돈만 채워 넣으면 이미 사용할 수 있는 최댓값이 정해진다. 이렇게 돈을 사용하는 방식을 제로버짓(0 budget, 먼저 예산을 설정한 뒤 사용하면서 0이 되는 방식)이라고 한다.

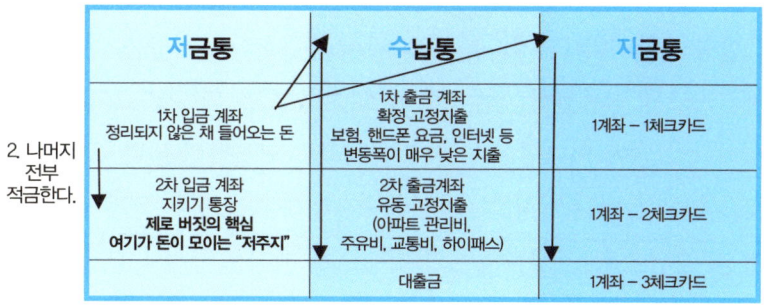

　제로버짓은 국가와 기업이 돈을 관리하는 방식이다. 먼저 예산을 세우고 지출하면서 점점 0이 되는 방식이다. 주머니에 얼마를 넣을지에 따라 '사용할 최대 금액'이 정해지는 것처럼 처음부터 쓸 돈을 정해야 쓸 수 있는 돈이 결정되는 원리이다. 이것은 우리가 아는 '가계부'가 아니다. 표를 곰곰이 바라보자. 위의 표는 '개인'이 돈을 사용할 때 '제로버짓' 원리를 설명한 그림이다.

　먼저 수입과 지출을 통제하기 위해 '통장과 카드'를 설정한다. 입금이 들어온 순간 이미 확정된 지출 금액을 수납통과 지금통으로 이체해 놓으면 설정된 금액만큼 지출되는 방식이다. 입금된 순간 그달의 출금 금액을 알고 있으므로 적금을 할 수 있는 최대 금액도 알게 된다. 입금과 출금을 '한 방향'의 흐름으로 통제하는 것이 제로버짓이다. 특별히 이해를 돕기 위해 '저'금통, '수'납통, '지'금통이라는 개념을 추가했는데, 제로버짓은 '저수지'를 이해하는 게 핵심이라고 해도 과언이 아니다. '저수지'에 들어온 돈은 자신의 허락 없이는 절대로 나갈 수 없다. 그럴 수밖에 없는 구조를 만드는 것이다.

먼저 모든 통장의 계좌를 위와 같이 분류한다. 그 다음 각 계좌와 체크카드를 연동한다. 단, 신용카드는 '출금'만 되는 카드이기에 할부기간이 남아 있다면 수납통 출금계좌로 연결하면 된다. 전체적으로 돈이 이동하는 방향은 '저→수→지'이다. 저금통은 '입금+적금'용 통장. 수납통은 '고정지출비'가 자동으로 빠지는 통장. 지금통은 '이번 달에 쓸 용돈'을 사용하는 통장이다.

1) 저금통 : 돈이 들어오는 단 하나의 입구

돈을 받을 곳이 각양각색인데 서로 다른 계좌번호를 알려줬다면 이처럼 큰 낭패가 없다. 국가보조금을 받든, 월급을 받든, 미수금을 받든 상관없다. 항상 '돈'이 들어오는 길목은 '하나'여야 한다. 그러므로 제각각인 입금계좌를 하나로 통일한다. 용돈, 보너스, 갑자기 로또를 맞아도 묻지도 따지지도 말고 무조건 저금통에 입금하면 된다. 특히 '현금'을 받았을 때 제일 중요하다. 공돈이라고 생각하는 순간 돈은 바로 샌다. 돈을 감정적으로 대할 때 그런 실수를 자주 한다. 어떤 이유로 받았든 공돈이 아니다! 수입은 '저금통'에 먼저 입금해야 한다.

돈이 들어오는 순간 이미 갈 길은 정해져 있다. 수입('저'금통의 1차 입금계좌) - 지출('수'납통+'지'금통) = 적금('저'금통의 2차 입금계좌)이다. 이런 식으로 수입과 지출을 정리하면 한 달 지출 총액을 알게 되고, 그렇게 한 달씩 정리해 가면 1년 지출도 미리 알게 된다. 그러면 당연히 '목돈'을 얼마나 모을 수 있는지도 예측이 가능하다.

2) 수납통 : 고정적으로 나가야 하는 돈의 첫 번째 출구

수납통은 모든 수납비용, 관리비용 등을 수납하는 고정비용 지출 통장이다. 한 달에 고정적으로 나가는 비용의 총액을 계산한 뒤 그 금액을 여기에 먼저 넣는다. 모든 출금계좌번호를 여기로 통일한다. 이 작업도 여간 번거로운 작업이 아니다. 본능적으로 귀찮음이 밀려와 실행을 가로 막을 것이다. 그러나 이성적인 사람은 환경을 통제한다. 즉각 전화기를 들고 고객센터에 전화한다. '자동이체' 계좌번호를 일률적으로 변경하고, 자동이체 일을 '월초'나 '월말'로 통일한다. 길어봤자 2~3시간 걸리는 작업이다. 이제 매월 초에 그다음 한 달간 빠져나갈 '자동이체 금액'을 딱 한 번 이체한다. 그러면 한 달간 약속된 돈이 자동으로 빠져나간다. 특별히 여기에 더할 내 경험은 이렇다.

첫째, 확정 고정지출을 한 계좌에 묶고 유동 고정지출은 다른 계좌로 묶는다.

둘째, 매달 정확히 같은 금액이 같은 날짜에 빠져나가야 하는 지출이 있다. 이런 걸 확정 고정지출이라 하자. 그런데 확정 고정지출이 정말로 '고정지출'인지 철저히 의심할 필요가 있다. 합리적이지 않으면 조정한다. 이성의 힘(글과 숫자)를 빌린다. 예를 들어 정수기 39,900원, 48개월 계약이면 → 9,900원, 24개월로 바꾼다(167만 7,600원을 지키는 효과). 신용카드 결제 시 관리비 할인이 이점이라 설정해 놓은 것도 당장 취소한다. 왜냐하면 신용카드는 일정 금액(예: 30만 원) 이상 결제 시 조건부가 많다. 조건부 할인은 제로버짓을 다 정리한 뒤 돈의 흐름이 다 보이고 난 뒤 해도 늦지 않다. 3만 원을 할인받기 위해 30만 원을 써야 하는 조건은 비합리적이다. 그런 식으로 대출이자, 신용카드 할인 내역, 보험료, 렌털 등을 검토하며 확정 '고정지출'을 줄일 수 있는 만큼 줄인다.

셋째, 유동 고정지출 계좌를 살핀다. 예를 들어 교통비, 차량 주유비, 고속도로 통행료, 주차비 등은 매달 다르다. 변동 폭을 적절히 추측해서 그 최대 지출비용보다 조금 넉넉히 넣는다. 예를 들어 아무리 많이 써도 43만 원 정도였다고 하면 이 통장에는 50만 원을 넣어 둔다. 그다음 달에 13만 원이 남았으면 37만 원을 넣어 다시 50만 원을 만들고, 29만 원이 남았으면 21만 원을 채워서 다시 50만 원을 만든다. 즉, 50만 원을 고정으로 넣어 두고 내려가는 방식이다. 다만 50만 원이 될지, 60만 원이 될지는 스스로 정하는 법이다. 그 넉넉함의 여유를 좁히면 '더 절약하는 효과'가 나고 여유를 넉넉하게 잡으면 지출비용이 커진다.

넷째, 유동 고정지출 확장판을 만든다(앞의 표에는 없다). 1년 정도 제로버짓을 실행하다 보면 '휴가비', '경조사비', '예비비' 등 연간 유동 고정지출 비용이 보이기 시작한다. 1년에 한두 번 혹은 1년 동안 비정기적으로 꼭 써야 하는 돈이 발생한다. 예전에는 상황에 따라 어쩔 수 없이 발생하는 비용이라고 생각했던 것들이 나중에는 어느 정도 통제할 수 있게 된다. 제로버짓의 목표는 1년 예산을 통제하는 것이다. 연간 유동 고정지출 통장을 하나 더 개설하여 관리하면 1년 제로버짓이 완성된다.

3) 지금통 : 결심한 만큼 써도 되는 두 번째 출구

이번 달에 쓸 돈을 미리 책정한다. 얼마나 책정해야 할지 모르겠다면 지금 당장 지난달, 지지난달 신용카드 내역과 계좌이체 내역을 전부 뽑아 그 항목에 이름을 달면 알 수 있다. 정말로 써도 되는지는 자신의 이성이 알고 있다. 다만 이성의 통제를 따르기 싫은 사람만이 결제내역을 들여다보지 않는다. 한 달에 얼마가 자신을 위한 '자유'인지 충분히 계산이 가능하다. 스스로 정한 금액을 '지금통'에 넣으면 그 만큼만 쓰면 된다. 아끼고 싶다면 처음부터 지금통에 조금 넣어두면 된다. 그래도 야금야금 내 돈을 쓴다면 방법은 하나이다. 먼저 '적금'을 해야 한다. 적금에 '돈'을 먼저 묶어놓아야 돈을 쓰지 못한다. 돈을 아끼고 싶다면 '저금통'에 있을 때 미리 묶어 놓았어야 했다. 지금통에 온 돈은 이미 다른 사람의 '입금' 통장에 흘러갈 돈이기 때문이다.

4) 제로버짓을 못 하는 이유

지금 당장 제로버짓을 하지 못하는 이유는 단 하나이다. 지금 내 통장 잔액이 마이너스이기 때문이다! 내 통장 잔액이 0보다 많아야 '제로버짓'이 가능하다. 엉켜버린 계좌, 엉켜버린 체크카드, 무이자 ○○개월 식으로 이미 결제한 신용카드 결제금액, 대출금, 학자금, 원리금 등 여기저기로 출금되는 계좌, 심지어 언제 시작해서 언제 끝날지 모르는 할부금, 이미 다음 달, 다다음 달의 지출이 '실행'

된 것이다. 제로버짓이 안 된다는 것은 통제할 수 없을 만큼 돈을 썼다는 반증이다. 통장 잔액이 이미 마이너스가 된 것이다. 이렇게 지적하면 본능대로 '아니라고 부인할지, 이성의 힘으로 맞다고 인정할지'는 역시 자신의 몫이다. 인정할 수밖에 없는 현실이라면 우선 '0'부터 만든다. 빚이 없는 상태로 만드는 것이 얼마나 힘든지 모른다.

반대로 제로버짓이 되지 않아 갑자기 실패하는 사람도 보았다. 실잔액은 0인데 적금도 많고 동시에 빚도 많으니 겉으로 보기에는 '돈'이 충분해 보였을 뿐이다. 신용카드라는 이름을 너무 잘 지어서 '상' 줘야 한다는 우스갯소리가 있다. 신용카드가 아니라 '대출카드'라고 이름을 지었으면 아무도 사용하지 않았을지도 모른다. 제로버짓이 가능한 사람은 이미 통장 잔액이 '신용카드'가 필요하지 않은 상황이기에 굳이 '신용카드'를 사용하지 않는다. 소득 상위 20%가 신용카드를 자주 사용한다는 것은 오해이다. 종종 지출 금액이 큰 결제를 할 때 할인 폭이 큰 '멤버십 신용카드'를 전략적으로 사용할 뿐 평소에 결제를 '신용카드'로 하지 않는다. 신용카드는 마이너스카드이기 때문이다.

이성 4. 이성적인 사람이 절약한다.

커피 전문점 스타벅스는 회사 로고에 한 여인을 새겨 넣었다. 세이렌. 난 이 마크를 볼 때마다 스타벅스의 위대한 전략에 흠칫 놀란다. 세이렌은 그리스신화에 등장하는 여인이다. 세이렌은 인어로 그리기도 하고, 새의 몸에 여성의 얼굴을 가진 모습으로 그리기도 한다. 중요한 건 세이렌의 외모가 아니라 세이렌의 목소리이다. 누구든지 세이렌의 노랫소리를 들으면 지체하지 않고 바다로 뛰어들어 스스로 목숨을 잃는다. 이 저주의 힘이 너무나 강력하지만 세이렌의 노랫소리가 너무 아름다우니 유혹을 이기지 못한 선원들이 세이렌의 노래를 듣다가 모두 목숨을 잃었다.

그런데 이 강력한 유혹을 이겨낸 사나이가 등장한다. 오이디푸스이다. 그는 세이렌의 아름다운 노래는 감상하되 목숨을 잃지 않을 꾀를 낸다. 우선 노를 젓는 선원들의 귀를 모두 틀어막는다. 그리고 자신만 귀를 막지 않은 채 기둥에 온 몸을 밧줄로 고정한다. 모두에게 오직 목적지를 향해 가도록 지시하고, 믿을 만한 부하에게 내가 풀어 달라고 해도 절대 풀지 말라고 당부한다. 마침내 세이렌이 사는 바다에 다다르자 아름다운 노랫소리가 들리고, 저주에 걸린 오이디푸스는 바다에 뛰어들기 위해 악을 쓰지만 미리 손을 써 놓은 덕에 유유히 바다를 가로지른다.

스타벅스는 세이렌의 노래처럼 커피 향으로 사람들을 유혹하겠다는 철학을 담고 있다. 커피 향에 취한 사람들이 스스로 지갑을 열어 스타벅스 커피를 사도록 말이다. 그러나 우리 중에 누구도 스타벅스가 우리를 유혹했다고 생각하지 않는다. 내가 마시고 싶은 커피를 마시러 커피점에 직접 들어가 스스로 지갑을 열어서 커피를 구매했다고 여긴다. 기업의 광고가 바로 이런 효과를 낸다. 세이렌의 노랫소리를 듣고 선원들이 스스로 바다에 빠져 죽는 것처럼 기업의 광고를 들은 소비자는 스스로 지갑을 연다.

반대로 말하면 절약이란 오이디푸스의 처절함 같은 것이다. 기업의 광고를 보면 그 상품을 가진 사람들은 인생이 늘 아름다워 보인다. 브랜드 아파트에 살고, 브랜드 커피를 마시며, 브랜드 옷을 입고, 브랜드 식당에서 저녁을 먹는 삶이 얼마나 근사해 보이는지 모른다. 그런 광고를 볼 때마다 자기도 그런 삶을 살고 싶다는 강력한 유혹에 빠진다. 이런 유혹을 뿌리치기란 여간 어려운 일이 아니다. 아름다운 인생을 살고 싶다는 욕망은 인간의 본능이기 때문이다. 누구나 그런 본능에 이끌려 돈을 쓴다. 그럼에도 불구하고 '절약한다'는 것은 자기 몸을 밧줄로 꽁꽁 묶을 각오가 아니면 할 수 없는 일이다. 아름다운 삶을 포기하는 기분이 들기 때문이다. 절약은 유혹을 뿌리치는 처절한 과정이다.

나도 아내와 함께 제로버짓을 시작했다. 처음엔 한 달 예산을 세우는 것도 버거웠지만, 몇 개월이 지나자 이내 1년 예산을 세울 수 있었다. 그때 우리는 17개월을 내리 적금해 목돈을 모을 수 있었다. 그 17개월은 이 몇 줄로 쓰기에는 너무나 고통스러운 시간이었다. 기업의 유혹에서 내 적금을 지키기 위한 시간은 오이디푸스가 몸부림치는 시간만큼 힘들었다. 얼마나 돈을 쓰고 싶은 곳이 많았는지 모른다.

기업의 광고를 듣고도 스스로 지갑을 열지 않을 방법을 찾아야만 했다. 그렇지 않으면 여기저기 유혹의 노래가 울려 퍼지는데 버텨낼 재간이 없었다. 방법을 찾기 위해 소비자심리학 책을 열었다. 그런데 대부분의 소비자심리학책은 '기업'이 어떻게 하면 '소비자'의 지갑을 열 수 있는가를 목적으로 지어졌다. 나는 이런 책을 읽으면서 반대로 '소비자'로서 내 '지갑'을 지킬 수 있는 방법에 집중했다. 절약하려면 딱 두 가지 방법밖에 없다. 하나는 안 쓰는 것이고 다른 하나는 눈을 감고 귀를 막는 것이다.

1) 절약은 안 쓰는 것이다.

기업의 광고는 항상 '절약'과 '절약한 느낌'을 헷갈리게 만든다. 예를 들어 나는 한창 택배기사를 할 때 일하다 말고 들르는 편의점을 두려워했다. 목이 마르고 배가 고프면 이성적인 판단이 더욱 흐려진다. 심지어 편의점은 온통 '세이렌의 노래'가 가득하다. 여기저기 걸린 할인광고에 향긋한 냄새까지 맡으면 본능적으로 소비에 취약해진다. 편의점은 돈을 뺏기기에 최적화되어 있다. 냉장고에는 꼭 2+1의 음료가 가득하다. 한 병에 2,000원 정도 하는 음료 2병을 사면 1병을 더 준다는 것이다. 4,000원이면 3병을 사는 격이니 한 병을 1,300원에 사는 꼴이다. 6,000원어치 음료를 4,000원에 살 수 있다. 총 비용에서 2,000원을 아꼈으니 한 병에 700원이나 절약하는 효과가 난다. 목이 마르고 배가 고픈 상태이면 이런 계산을 할 겨를도 없이 벌써 음료 3병을 들고 계산대로 향한다. 적어도 손해는 보지 않았으니 더 따질 겨를 없이 음료를 벌컥벌컥 마신다. 2,000원짜리 음료수 한 병을 공짜로 얻었다는 쾌감 덕에 편의점을 나오면서 4,000원을 결제하고 나온다. 하지만 결론은 4,000원을 썼다는 사실밖에 없다.

절약은 '돈'을 안 쓰는 것이다. 그냥 안 쓰고 안 먹는 것, 그게 절약이다. 모든 사람이 종자돈을 모으는 동안 '절약'한다. 안 먹고 안 쓰며 돈을 모은다. 쉬운 일이 아니다. 이 시간을 줄 일 수 없다. 고통도 피할 수 없다. 그래서 돈은 모으는 게 아니라 지키는 거다. 절약은 이성의 힘으로 자신을 꽁꽁 묶는 사람만 할 수 있다. 필사적으로 지켜야 한다. 어떤 유혹에도 흔들리지 않아야 돈을 모을 수 있다.

할인과 절약을 생각해 보자. 70% 할인받은 5만 원짜리 상품보다는 10% 할인받은 2만 원짜리 상품을 산 것이 훨씬 절약한 것이다. 절약은 '0에서 얼마를 썼느냐'로 따지기 때문이다. 5만 원 쓰지 않고 2만 원을 썼다고 3만 원 절약한 것이 아니다. 정확히 말하면 2만 원을 쓴 것, 그게 전부이다. 즉, 안 쓸 수 있었는데 2만 원을 쓴 것이다. 만약 안 샀다면 최고의 절약이다. 이유가 필요 없다. 기준은 '0'에서 시작한다. 절약은 '얼마를 썼는가!'로 따진다.

그런데 '기업의 광고'는 '절약'의 관점을 완전히 바꾸어 접근한다. '절약'이란 '안 쓰는 게' 아니라 '덜 쓰는 것'이라고 말한다. 심지어 '얼마나 덜 썼는가!'가 아니라 '얼마나 이득을 보았는가!'로 초점을 옮긴다. 즉, '할인'이 '절약'이라고 주장한다.

방금 말한 상품을 다시 떠올려보자. 70% 할인받은 5만 원짜리 상품은 본래 15만 원짜리에서 70% 할인 받은 상품이기에 10만 원을 아낀 것처럼 보인다. 마찬가지로 10% 할인 받은 2만 원짜리 상품은 본래 2만 2,000원짜리 상품이니까 겨우 2,000원을 아낀 것처럼 보인다. 두 상품을 본래 가격인 15만 원짜리 상품과 2만 2,000원짜리 상품으로 비교하면 당연히 15만 원짜리 상품이 훨씬 더 좋은 상품처럼 보인다. 품질을 따질 겨를도 없이 비싸면 좋은 거라 판단하는 본능을 이용하는 것이다.

그러면 당연히 10만 원 할인받은 쪽을 선택하는 게 이득으로 보인다. 맞다. 논점을 바꾸면 얘기가 완전히 달라진다. 따라서 70% 할인된 5만 원짜리 상품을 결제하고, 상상 속에만 존재하는 '마음 통장'에는 10만 원을 '절약'했다는 자부심이 담긴다. 결국 스스로 지갑을 열어 5만 원을 쓴 것이다. 결과는 5만 원을 쓴 것, 그게 전부이다. 실제론 5만 원짜리 상품을 사면서 2만 원짜리 상품보다 3만 원을 더 쓴 것이다! 아니 안 써도 되는 돈을 쓴 것일 수도 있다. 결론은 '5만 원을 쓴 것'이다.

그럼에도 불구하고 10만 원을 아꼈다는 확신이 든다. 광고에 취한 사람들이 스스로 지갑을 연다는 것은 이런 것을 말한다. 소비에 이유를 붙이는 것 말이다. 일단 돈을 쓰고 난 뒤에 '아꼈다'는 마음을 먹는 게 어딘가 이상하지 않은가! 다시 한번 말하지만 절약은 안 쓰는 것이다. 기준점은 항상 '0'이어야 한다.

그러나 돈을 아예 안 쓸 수는 없다. 정말로 써야 할 때는 어떻게 하는가. 그럼 1원이라도 안 쓰는 방법을 찾아야한다. 답은 하나이다. 시세를 알아야 한다. 구매의 비교점을 '시세'로 잡아야 한다. 브랜드냐, 메이커냐, 할인이냐를 따지지 말고, 시세를 알면 가격의 기준을 알게 된다. 돼지고기 100g당 얼마인지, 휘발유가 L당 얼마인지, 우유가 1,000mL에 얼마인지를 알아야 한다. 시세를 알면 절약할 수 있다.

그러나 시세를 알기 위해 해당 제품을 알아보고 가격을 파악하는 데는 상당한 에너지가 필요하다. 반대로 말하면 편하게 무엇을 얻는다는 것은 누군가의 수고가 그 가격에 들어 있다는 것이다. 배달음식에는 배달비가 붙고, 밀키트에는 조리비가 붙으며, 반조리에는 재료 손질비가 붙는다. 여기에 포장과 디자인, 브랜드까지 붙으면 아예 다른 가격이 된다. 가격이 비싸다는 것은 다른 누군가의 '수고'가 포함되었다는 뜻이다. 절약은 다른 사람의 수고를 거절하고 미묘하게 포함시킨 '할인가'를 뿌리쳐야만 가능하다. 사방에서 들리는 호의적인 목소리가 사실은 아름다운 세이렌의 유혹인 것이다. 그러므로 절약이란 자신을 밧줄에 꽁꽁 묶은 수고의 대가이다.

2) 눈을 감고 귀를 막는 것이다.

그럼 돈을 안 쓰려면 어떻게 해야 하나. 처음부터 주머니에 돈을 조금 가지고 다녀야 한다. 나는 종자돈을 모으는 동안 한 달에 3만 원을 책정했다. 이 방법밖에는 없다. 애당초 돈이 없어야 한다. 지갑을 아예 들고 다니지 말아야 한다. 나를 밧줄로 묶는 것이다.

어떻게 하면 돈을 모을 수 있을까 하고 물으면 나는 항상 똑같은 대답을 해 줬다. "돈은 모으는 게 아니다. 지키는 것이다." 먼저 적금에 넣어서 돈을 꽁꽁 묶어 두고, 돈을 안 써야 돈이 모인다고 말하면 그럴 리가 없다고 한다. 돈을 모으는 데 다른 신박하고 쉬운 방법이 있을 것이라고 반응한다. 그러나 분명히 말하지만 방법은 이것 하나밖에 없다. '안 쓰는 게 절약'이다.

다만 간절한 사람을 위한 '전략'을 남기면 이렇다. 인간은 최소한의 '존엄'을 갖추어야 살 수 있다. 외식을 못하거나, 필요한 물건을 얻지 못하거나, 잠을 제대로 자지 못하면 인간은 비참함을 느낀다. 사람은 사회를 이루고 산다. 내 주변에는 친구, 자녀, 자녀의 학부모, 이웃, 친척이 있다. 돈을 쓰지 않으면 사람답게 사는 데 필요한 일을 하지 못하게 되므로 스스로 결심한 기간에도 '비참함'이 찾아올 수 있다. 특히 나이를 먹을수록 이런 시선은 더욱 나를 옥죈다. '돈'이 없으면 친구도 만나기 어렵고, 형편이 어려워지면 사는 모양을 들킬까 이웃과 교류하기도 어렵다. 행여나 누추한 행색이 들킬까 봐 마음이 더욱 졸아들기 때문이다.

나도 경제적으로 실패하고 형편이 어려워지자 이런 '비참함'이 몰려 왔다. 실패했는데 돈을 모으려고 하면 친구를 삼가고, 체면을 내려놓고, 누군가의 평가와 어디선가 들려오는 지인의 성공 소식에 귀를 막아야 한다. 눈을 감고 귀를 막는 것 외에는 달리 방법이 없다. 자신이 '돈'을 쓰지 않기로 결심하여 찾아온 '불편함'을 받아들여야 한다.

그러나 기꺼이 마음먹었다고 쉽게 할 수 있지는 않다. 삶의 관성이라는 것이 하루아침에 바꿀 수 있는 것이 아니기 때문이다. 절약이라는 관점을 바꾸는 것도, 생활습관을 바꾸는 것도, 뜻을 세웠다고 하루아침에 돈을 쓰는 기준을 바꾸는 것도 모두 쉽지 않다. 다만 내가 할 수 있는 말은 적어도 다른 사람에게서 눈을 감고 귀를 막으라는 것이다. 인생은 늘 선택과 포기의 연속이다. '돈을 모으고 싶다면 돈을 쓰는 것을 포기해야 한다.' 돈을 쓰는 것을 포기하면 돈은 자연스럽게 모인다. 내가 찾은 유일한 방법은 다른 사람에게서 눈을 감고 귀를 막는 것이다. 이 방법 외에는 달리 뾰족한 수가 없다. 스스로 정한 기간에는 자신을 밧줄로 꽁꽁 묶어 보자.

이성 5. 이성적인 사람의 3가지 원칙

아무리 이성적인 계획이라 하더라도 계획대로 되지 않는다. 인간은 누구에게나 '편향과 오류'가 있다. 왠지 자기가 세운 계획은 더 그럴싸해 보이고, 더 잘될 것 같다는 착각을 한다. 특별히 '돈'이 개입되면 이성을 잃는다. 아무리 이성적으로 생각하려고 해도 본능이 따라주지 않는다.

그러므로 자신의 계획이 객관적인지 아닌지 수시로 점검해야 한다. 그것밖에는 달리 나를 지킬 방법이 없다. 만약 잘못된 계획이 있는데 완벽한 계획이라며 우기고 있다면 누구도 그 사람을 말릴 수 없다. 그게 자신이 아니란 법도 없다. 스스로 자기 계획이 틀렸다고 선언하기 전에는 실패를 확인할 때까지 전진하는 게 인간이다. 자신이 세운 계획조차도 틀릴 수 있다고 의심하는 힘, 이성의 힘이란 그런 것이다.

1) 모르면 하지 않는다.
내 마음, 다른 사람의 마음, 미래, 이 세 가지는 절대로 자기 뜻대로 통제할 수 없다. 그러므로 돈을 빌려줄 때는 받지 못할 각오로 실행해야 한다. 정말 받으려면 담보가 있어야 한다. 사업을 할 때는 그 일이 성공하지 않을 수 있다는 걸 명심해야 한다. 정말로 성공하려면 실패해도 되는 크기로 먼저 연습해야 한다. 투자는 필히 모든 돈이 사라질 수 있다는 사실을 전제해야 한다. 그러나 사업이든, 투자든 아무리 좋은 계획이라도 자기가 완전히 이해하지 못했다면 실패의 여지가 있다. 따라서 모르면 하지 않는 게 최선이다.

모르는 것을 알고 있다고 확신하는 순간, 가능하지 않은 걸 가능하다고 믿는 순간, 안 되는 걸 된다고 우기는 순간, 통제할 수 없는 걸 통제할 수 있다고 착각하는 순간에 큰 실수를 한다. 혹한다고 할 게 아니고 욕심이 난다고 될 게 아니다. 모르면 하지 말아야 한다.

나는 주식투자를 하지 않는다. 솔직히 잘 모른다. 언젠가는 주식투자를 하고 싶다. 그러나 아직 아니라고 생각한다. 주식투자 공부를 다 마치지 못했고, 주식투자를 할 수 있는 형편이라 생각하지 않는다. 허영만의 《부자사전》에서는 부자의 자산 배분을 부동산 7, 현금 2, 주식 1로 말하는데, 이는 KB국민은행에서 매년 발행하는 '부자동향'의 데이터와 대개 일치한다. 이 데이터를 역설적으로 나에게 대입하면 내 자산의 10분의 1을 주식투자에 넣어야 한다는 얘기로 이해되는데, 아직 나는 그럴 만한 여력이 없다. 그 돈을 다 잃어도 괜찮을 자신도 없다. 결론은 '잘 모르기 때문에 안 한다!'라고 답할 수 있다.

반대로 말하면 하고자 한다면 알 때까지 공부해야 한다. 연습생이든, 직원이든 시도할 수 있는 자리를 얻고, 관련 분야의 책과 고수들의 이야기를 들으며 노력해야 한다. 그렇게 충분히 준비하고 실전에 임해도 실패할 수 있는 법이다. 하물며 모르는데 한다는 건 실패하겠다는 것과 다름없다.

2) 원금을 잃지 말아야 한다.
한번은 '음악연습실 창업' 관련 유튜브 영상을 보았다. 대충 내용을 요약하면 1억 5,000만 원을 투자해 순이익이 월 400만~500만 원이 된다는 내용이었다. 언뜻 보면 꽤 괜찮은 사업으로 보인다. 조회수도 상당하고 내용도 꽤 알차서 인기 있는 영상이었다. 하지만 나는 이 영상을 보자마자 좋지 않은 수익모델이라고 생각했다. 나의 이 두 번째 원칙 '원금을 잃지 말아야 한다' 때문이다.

나는 지하실에 차린 사진작업실이 망하고 나서야 자영업과 관련한 진실을 알게 되었다. 자영업자 폐업 비율이 100중 97에 해당하는데 어디서도 '실패'와 관련한 이야기는 들을 수 없었다. 그 많은 실패 후기는 조용히 사라지는데 몇 없는 성공후기만 전해지는 게 참 아이러니하다. 분명히 말하지만 수많은 실패담은 사라지고 몇 안 되는 성공담만 살아남는다. 이게 진실이다.

앞에서 제시한 사업을 단순히 나열해 보자. 원금을 절대 잃지 않으려는 관점에서는 이렇게도 생각할 수 있다. 투자금 1억 5,000만 원을 순이익 500만 원으로 나누면 30개월이라는 수치가 나온다(400만 원으로 나누면 40개월도 된다). 이는 1억 5,000만 원을 은행에 넣어 놓고 500만 원씩 2년 6개월(30개월)을 사용할 수 있다는 말이다. 다시 말해 사업을 시작한 지 30개월이 지나야 투자원금 1억 5,000만 원을 회복하고, 투자한 돈보다 더 많은 돈을 벌려면 30개월이 지나야 한다는 말도 된다.

원금을 잃는다는 면에서 위의 사업은 설득력 없다. 지나치게 '숫자'로만 따진 이야기라 거북한 느낌도 들법하다. 하지만 '돈'에 관한 진실은 그렇다. 결국 저 영상을 찍어서 올린 사람도 자신의 업체와 음악연습실 창업 강의를 홍보하기 위함이지 시청자의 원금을 지키는 데는 전혀 관심이 없다. 자본주의는 '순진한 사람'에게 불리한 제도이다.

이런 식의 '사업'이나 '제안'이 너무 많다. '원금'을 지켜주지 못하는 것들 말이다. 심지어 휴대전화를 살 때도, 은행에서 적금을 들 때도, 쇼핑몰에서 할인 상품을 살 때도 그렇다. 누구도 자신의 원금을 지켜주지 않는다. 그래서 나는 어떤 경우에도 원금을 지킬 수 있어야 한다는 원칙으로 임한다. 어떤 제안이나 계획이 들어오면 항상 이 원칙대로 생각해 본다. 그리고 내가 잃어도 되는 원금이라고 납득될 때만 그 일을 추진한다.

3) 내 계획을 나보다 성공한 사람에게 꼭 확인한다.

일전에 나는 '상가투자'를 하려고 준비한 적이 있다. 남들처럼 '월세' 받는 삶이 부러워 '상가'투자를 준비했다. 몇 개월간 준비해 한 상가를 알게 되었는데, 혼자 계산해 보니 월세로 100만 원은 족히 받을 수 있는 상가였다. 결전의 날을 앞두고 나는 가까운 친구에게 이 계획을 털어놓았다. 중개부동산 사업을 크게 하는 친구이기에 계획을 점검 받아야겠다고 생각한 것이다. 그런데 이야기를 듣던 친구는 평소와 다르게 과격한 말을 했다. "그거 완전 쓰레기네!" 자존심이 상할 법한 단어를 썼지만 오히려 경각심을 주는 말로 들렸다.

친구는 조목조목 이유를 들어 주었다. 내가 본 상가는 구분상가가 아니라는 점, 벽체를 허물었으면 대출이 나오지 않을 거라는 점, 단독으로 사용하기 어렵다는 점, 입지 수요가 좋지 않은 점 등 쉼 없이 단점을 말하는데 반박할 수 없었다. 돈 욕심에 또다시 이성이 마비된 것이다. 내 시나리오가 허상이었다는 걸 알게 해 주어서 바로 상가계약을 바로 포기했다.

이제 나도 비슷한 경험을 한다. 나에게 상담하러 오는 사람들 말이다. 이미 일을 저지르고 와서 어쩌면 좋겠냐고 하면 "잘했다. 최선을 다해보라!"고 하는 게 서로 좋은 상담이라 다른 말을 하지 않는다. 어쩔 수 없다. 이미 저질렀다면 책임을 져야 하는 수밖에 없다. 그런데 아직 계획 단계에서 이야기를 들어 보면 다소 허무맹랑한 계획이 많다. 나처럼 허상의 계획을 갖고 확신하고 있는 것이다. 그럴 땐 과감하게 지적한다. 그래도 이성적인 판단이 가능한 사람만 조언을 받아들인다. 여전히 자존심을 부린다면 나도 말을 아낀다. 어차피 중요한 것은 '이성과 원칙'을 따를 것인가의 문제이기 때문이다.

택배기사 된 목사의
생존경제학

제5장 When '실행'
"돈은 언제 버는가?"
돈은 공식대로 실행할수록 번다.

---

when

제5장 When '실행'
"돈은 언제 버는가?" 돈은 공식대로 실행할수록 번다.

오직 '프락시스'가 참지식이다.

아리스토텔레스는 '지식'을 크게 두 가지로 구분했다. 하나는 '테오리아(이론)'이고, 다른 하나는 '프락시스(실천지식)'이다. 테오리아는 관찰을 통해 원리를 파악해 가는 지식활동이다. 쉽게 말해 '보고 배우는 걸' 말한다. 아리스토텔레스는 이 테오리아가 최고의 지식이라고 말했다. 그러나 모든 지식을 테오리아로 알아갈 수 없다고 했다. 우리가 살아가는 이 세계는 물질로 구성되어 있기에 몸을 써서 직접 경험해야만 알아갈 수 있다고 했다. 프락시스는 테오리아와 달리 직접 실행하여 그 원리를 체득해 가는 지식활동을 말한다.

예를 들어 하루, 이틀, 사흘, 나흘, 매일 일한다. 매일 나가서 일을 하다 보니 비효율적인 부분이 보인다. 굳이 내 몸이 고생할 방법을 고수하지 않는다. 개선하고 방법을 달리한다. 좀더 나은 방법으로 바뀐다. '프락시스(반복된 행동에서 깨달은 실천지식)'. 이렇게 깨닫게 된 것들을 공책에 적고 다른 사람에게 알려준다. '테오리아(이론, 정리된 생각지식)'. 실천이 반복되면 연습이 되고, 연습이 반복되면 프락시스(실천지식)를 얻는다. 즉, '안다'는 것은 '실천'으로 시작하고 '연습'으로 개선해 '이론'을 내뱉는 하나의 과정을 말한다.

특별히 아리스토텔레스는 프락시스(실천지식)를 강조했다. 그러므로 이 과정을 생략했다면 제대로 배웠다고 하기 어렵다. 책이나 강의로만 지식을 배우면 그 지식은 보고 들었을 뿐 해 보지 않았기 때문이다. 해 보지 않고 '실행'하지 않았다면 몸에 익힌 것이 아니기에 '안다'고 할 수 없다. 프락시스(실천지식)란 몸으로 해 보고 반복해서 익히는 것을 말한다.

나는 언젠가 쇼핑몰 창업 강의를 들었다. 그 강사는 몇 년간 자신의 쇼핑몰을 억대 매출 기업으로 만들었다. 그리고 그 내용을 3시간짜리 영상에 담았다. 심지어 무료 강의였다. 처음엔 아무 것도 하지 않고 그저 보고 들었다. 영상의 3시간은 금세 흘렀다. 성공한 기분이 들었고 잘될 것 같다는 열정이 가득해졌다.

이번에는 1강부터 그대로 실천하기로 했다. 10분 강의한 내용을 그대로 실행했다. 그대로 하지 않으면 더 보지 않았다. 그렇게 강의를 들으니 3시간 강의가 2주일째 10분에 멈춰 있다. 사업자등록을 하고 허가를 받는 데 며칠이 걸리고, 스마트스토어에 가입하는 데 이틀이 걸렸다. 상품 하나를 온라인 스토어에 준비하는 것도 3일이 더 걸렸다. 난 결국 그 강의를 끝까지 수강하지 못했다.

 동영상의 1시간을 실제로 해 보니 2주가 걸렸다. 해 보니 깨달았다. '이건 3시간짜리 강의가 아니구나!' 실제로는 3년짜리 강의였다. 노동으로 시작해 반복해서 실행하자 '깨달음'이 왔다. '아, 이렇게 하는 것이구나!', '이렇게 하면 할 수 있구나!', '그래서 이렇게 말했구나!' 실행하면 깨닫고, 깨닫고 싶은 사람은 실행한다. 해 보지 않는 것은 알지 못하는 것이다. 알고 싶은 사람은 단순노동(첫 실행)을 시작한다.

연습과 실행만이 지식을 쌓는 방법이다.

부모가 되어 보니 부모로서 '자녀교육'에 딜레마가 생겼다. '안전'을 택하면 자녀가 스스로 배울 기회가 사라진다. 그렇다고 '시행착오 자유'를 주면 '위험'해질 수 있다. 해 보면 금세 깨닫지만 실수할 수 있기에 불안하다. '안전'을 택하면 배울 기회가 줄어들고, '위험'을 택하면 배울 기회가 늘어난다. 위험과 기회는 함께 붙어 있다.

학교교육은 '안전하게 공부'하기를 바라는 곳이기에 '시행착오' 기회가 적다. 초등학교, 중학교, 고등학교에서 다 배운 것 같지만 배운 게 없다. '안전'이 중요하기 때문이다. 해 보고 싶은 것을 해 보지 못했고, 하고 싶은 걸 하지 못했다. 억지로 보고, 억지로 외웠다. 보고 들은 건 배운 게 아니다. 사람은 기계가 아니기 때문이다. 사람은 해 보고, 실패하고, 다시 해 볼 때 비로소 배운다. 특히 해 보고 싶은 것을 해 보면 더욱 배운다. 그게 위험하고 실패한다 하더라도 말이다. 그러나 하기 싫은 것을 억지로 하면 아무 것도 배우지 못한다. 하기 싫은 걸 억지로 하면 나중엔 무엇을 하고 싶었는지조차 잃어버린다.

신앙생활도 같은 원리이다. 죄를 짓고 회개하면 더욱 믿음이 생긴다. 이상한 말 같지만 진리이다. 고통과 위기를 겪으면 더욱 강해진다. 반대로 너무 안정적이면 오히려 타락하고 부패한다. 시행착오와 실패는 인생에서 큰 깨달음을 준다. 다만 '위험'이 따른다. 그래서 하나님도 사람에게 같은 딜레마를 갖고 있다. 고통과 학습이 늘 함께 있기 때문이다. 다만 무엇이 되었든 직접 실행하면서 다행히 그 고통을 지나 왔다면 그 일의 진정한 의미를 깨닫게 된다. 그러므로 실패는 없다. 실제로는 학습만 있을 뿐이다. 때로는 힘들고 위험해도 그만큼 많이 배운 것이다. 그러므로 알고 싶다면 해야 한다. 해 보면 어떤 게 되는 방법이고 어떤 게 안 되는 방법인지 알게 된다.

기초생활수급자였던 나는 택배기사라는 직업을 만나며 삶이 변했다. 생존의 기로에 서 있던 나는 억지로 이 일을 시작했다. '오배송'으로 물건을 잃어버려 직접 물어준 일이 수두룩했다. 수화기 너머로 들려오던 욕설, 고객이든 아니든 따질 겨를 없이 누구나 반말에 시비는 일상이었다. 클레임에 벌점이 늘어갈 때마다 분노와 억울함은 풀 길이 없었다. 고객뿐만 아니라 주변 사람들에게조차 욱하고 살았다. 교통사고, 행인과 시비, 고객과 트러블, 택배 파손, 분실로 경찰 조사, 이런저런 사건을 마주할 때마다 제발 이 지옥에서 도망가고 싶어서 하루에도 몇 번씩 '원망'과 '욕설'을 입에 달고 살았다.

그런데 이 원망스러운 상황은 절대 바뀌지 않는다는 걸 한 번의 사건으로 깨달았다. 배송하려고 건물을 올라가면서 1층 출입문을 열어 놓았다. 5층에서 내려올 때 한 아주머니가 뒤따라 나오길래 문을 연 채로 그냥 나왔다. 내 뒤를 따라 나왔으면서 도리어 "문을 닫아라!"고 다그쳤다. 돌아가서 문을 닫았는데도 끝까지 언성을 높였다. 그 아주머니의 말 한마디가 나의 '깊은 상처'를 건드렸다. 열등감의 방아쇠를 건드린 덕에 나는 뚜벅뚜벅 걸어가 닫았던 문을 다시 열어 놓았다. 그리고 아무 말 없이 돌아와 차를 몰았다. 내 모습에 더욱 화가 난 아주머니는 본사에 직접 항의를 넣었다. 나중에 알고 보니 그 아주머니가 건물주였다. 결국 이 일로 사업소 대표까지 나서서 그 건물주에게 사과했다. 같은 사안이라도 다른 대표를 만났다면 나는 직장을 잃었을지도 모른다. 인생의 은인이었다. 나이 마흔에 해고의 문턱을 다녀왔다. 그리고 변하기로 결심했다.

택배기사에겐 너무 안 어울리는 일을 시작했다. 공부와 실행이었다. 읽고 알아내면, 직접 해 보는 것, '프락시스'를 시작했다. 배송 공식을 묻고 그대로 따라했다. 배울 수 있는 게 무엇일까? 실행하고 반복했다. 시간당 30개, 50개, 마침내 100개, 해마다 시간당 배송 수량이 늘어났다. 밤 12시 퇴근이 밤 9시가 되고, 밤 9시 퇴근이 오후 5시가 되었다. 퇴근시간을 7시간 앞당기는 데 3년이 걸렸다.

집화 영업을 위해 마케팅과 세일즈를 공부했다. 고객이 먼저 '나'를 알아야 한다는 게 마케팅의 첫걸음이었다. 동료들과 대화하다가 막 개업한 사장들이 편의점 택배서비스를 이용한다는 걸 알게 되었다. 동료들에게 당장 편의점을 담당하겠다며 넘겨 달라고 했다. 그 다음 편의점 사장에게 일일이 부탁드렸다. 그렇게 연락처를 받으면 벌벌 떨면서 전화를 걸었다. 당장 계약하시는 분, 나중에 하시는 분, 소개 받아 연락하신 분, 나중에는 어떻게 알았는지 고객이 먼저 연락이 왔다.

컴플레인과 벌점의 제왕이었던 나는 고객과 통화하기가 제일 부담스러웠다. 어떻게 하면 '벌점'을 줄일 수 있을까? 사업을 크게 하는 친구에게 고민을 털어놓았다. 세계에서 가장 만족스럽다는 스타벅스와 맥도널드의 고객만족서비스를 가르쳐 주었다. 고객서비스는

'말보단 글'이라는 공식을 배웠다. 바로 실행에 옮겼다. 통화 거절 문장을 만들었다. "고객님의 주소나 송장번호 그리고 요청사항을 남겨주시면 배송 예정 정보 확인 후 빠르게 연락드리겠습니다!" 전화벨이 울리면 통화를 거절하고 문자를 보냈다. 정말 용건이 있는 고객만 추려지고, 불필요한 마찰과 불화가 줄어들었다. 고객 간 마찰이 줄어들자 '친절기사'로 선정되었다.

4년의 시간을 이렇게 글로 써 보니 참 간결하고 쉽다. 그러나 나에겐 이 몇 줄의 소회가 4년의 '프락시스'를 요약한 것이다. 이보다 더 치욕스러운 순간도, 이보다 더 아름다운 순간도 있었지만, 그 순간 내가 할 수 있었던 것은 그저 도망가지 않고 하루를 살아내는 것이었다. 하루하루 주어진 일을 하고, 다시 할 땐 조금 개선하면 어느새 몸에 익었다. 한참을 지나 돌이켜 보며 '아하, 그래서 그랬구나!' 하고 깨닫는다. 하루를 살면 그날은 성공하기도 하고 실패하기도 했다. 그러나 반복된 하루가 쌓이자 성공과 실패 같은 것은 없었다. 그저 하루하루 의미 있는 실행만 있을 뿐이었다.

한 번에 되는 일은 없다. 될 때까지 하는 것이다.

직업과 직종에 상관없이 성공한 사람들은 한 번만 하고 끝내지 않는다. 자기 것이 될 때까지 한다. 결코 한 번에 되는 일이 없다. 꾸준히 실행해야 한다. 한 번 해 보면 아리송하고, 두 번해 보면 알 것 같고, 세 번 하면 감이 온다. 깨달을 때까지, 될 때까지, 이루어질 때까지 반복한다. 반복할 때마다 잘못된 점, 부족한 점, 안 되는 점을 개선한다. 반복하면 반복한 만큼 '믿음'도 점점 커진다. 프락시스는 영어 프랙티스(practice, 연습)의 어원이다. 연습이라는 반복적인 실행, 아리스토텔레스는 '이게 실천지식이고 진짜 믿음'이라고 했다.

만약 성공확율을 1/100, 실패확율를 0/100이라 한다면 성공이나 실패 둘 다 99번은 실패한다는 점에서 비슷하다. 둘 다 안 되는 게 기본이다. 마찬가지로 물이 반쯤 차 있는 컵을 보고 한 사람은 '물이 반이나 있네!'라고 하고 다른 한 사람은 '물이 반밖에 없네!'라고 한다. 이건 '능력'의 차이가 아니라 그저 '관점과 태도'의 차이다. 같은 조건, 같은 사실을 바라보고 어떻게 행동할지 자신이 결정한다.

그래서 불행한 사람은 한 번 해 봤는데 단번에 성공한 사람이다. 심지어 한 번 해 보고 단번에 성공했는데, 마침 너무 젊은 나이에 너무 크게 성공한 사람, 그 사람이 제일 불행한 사람이다. 그럼 지옥에 사는 사람은 누구일까? 딱 한 번 해 봤는데 하필 실패한 사람, 심지어 너무 어린 나이에 너무 크게 실패한 사람 그리고 평생 다시는 시도하지 않는 사람이다. 너무 일찍 단번에 크게 성공한 사람은 남은 인생이 너무 쉽게 느껴져 불행하고, 딱 한번 실패하고 아무것도 하지 않는 사람은 누구도 이 사람을 구원할 수 없기에 불행하다.

성공한 사람은 실행을 믿는다. 성공할 확신이 있어서 실행한 것인지, 실행하다 보니 성공한 것인지 그 순서는 정확히 모르겠다. 성공한 사람을 마구 뒤져 봤지만 무엇이 먼저인지 도저히 모르겠다. 아무튼 둘 다 정답이라고 생각한다. 즉, 믿으면 실행하고, 실행하다보면 믿어진다.

반대로 실행하지 않으면 믿음이 생기지도 않고, 믿지 않으면 실행도 안 한다. 그 무엇도 하지 않는 사람은 '실패의 확률'을 굳건히 믿는다. 그래서 "해도 안 된다!"라고 말한다. "거 봐! 해도 안 되잖아!" 실패를 믿기에 움직이지 않고, 움직이지 않기 때문에 믿을 기회도 없다. 0과 1의 차이는 실행했느냐, 안 했느냐의 차이다. 성공은 그 '1'이라는 확률을 만나고자 거듭된 실패를 하는 것이다.

한 번에 되는 일은 없다. 될 때까지 하는 것이다. 그러므로 가장 무서운 것이 해 보지 않고 '확신과 단정'을 하는 것이다. '100% 성공할 것이란 확신'도 틀렸고, '100% 실패할 것이란 단정'도 틀렸다. 미래는 어떻게 될지 모른다. 실패할지 모르지만 지금 할 수 있는 것을 하는 것, 이게 '실행'이고 '실천지식'이다.

지금 실패했는가? 축하한다. 전에 내 성격 같았으면 한껏 비꼬아 말했을 것이다. 그러나 지금은 아니다. 실패했다면 정말 축하할 일이다. 아주 좋은 걸 배운 게 맞다. 앞으로 그 방법은 사용하면 안 된다고 배운 것이다. 실패한 고통이 큰 동력이 되어줄 것이다. 반대로 작은 것이라도 성공해 본 적이 있는가? 축하한다. 공식이 이루어지는 실행원리를 터득한 것이다. 그 원리대로 크기를 키우면 된다.

실행 1. 시행착오의 동반자, 수치심과 돈

5년 전 집을 구하기 위해 부동산 사무소를 방문했다. 나는 타고난 천성이 '내성적인' 사람이라 뭘 하나 하더라도 겁이 많고 실행이 더디다. 그래서 이사를 몇 개월이나 앞두고 미리 부동산 사무실을 견학했다. 그게 내 생애 처음으로 방문하는 부동산 사무실이었다. 심호흡을 하고 첫 번째 부동산 사무실에 들어갔다. 커피 한 잔을 내 주며 사뭇 친근하게 구는 중개인 사장에게 호감을 느낀 것은 사실이지만, 그 시간은 아주 잠깐이었다.

이야기를 시작한 지 얼마 안 돼 사무실 후문으로 중년 여성 한 분이 들어왔다. 평소에 자주 드나드는 문이 아닌데도 자연스레 들어온 점이나, 부티가 절절 흐르는 옷차림, 중개인이 당황하지 않는 태도로 미루어볼 때 이분이 이 사무실에 자주 드나들었다는 것을 짐작할 수 있었다. 역시나 나와 대화를 나누던 중개인 사장은 갑자기 말을 끊고 그분을 향해 일어섰다. "어머, 사모님! 오랜만이에요. 별일 없으셨어요?" 나에게 전혀 양해를 구하지 않았는데, 내가 듣건 말건 두 사람은 그들만의 대화를 이어 나갔다. 순식간에 나는 투명인간이 되었다. 얼마 지나지 않아 나는 그 어색함을 견디지 못하고 일어났다. 울리지도 않는 전화벨을 부여잡고 "여보세요!"라고 외치며 문을 나서려고 했다. 그러자 뒤통수에 울리는 부동산 사장의 음성은 그랬다. "벌써 가시게요?" 이 말이 이상하게 "그만 가 보세요!"로 들렸다.

실행이 답이다. 맞다. 실행하지 않으면 아무 일도 일어나지 않는다. 그러나 실행이 쉽지 않다. 실행은 어렵다. '실행'에는 항상 두 가지 부담이 따르기 때문이다. 하나는 '수치심'이고, 다른 하나는 '금전적인 손해'이다. 그런데 나는 이날 결심했다. '돈 들지 않는 수치심은 기꺼이 실행하겠다!' 잃을 돈이 없으니 수치심이야말로 별것 아니라는 확신이 들었다.

본래 나는 열등감이 많고 가난한 가정에서 자란 탓에 이 두 가지는 내 실행을 가로막는 가장 큰 장벽이었다. 실행을 앞두고 늘 두 가지가 두려워 포기했다. '수치심'을 느낄지 모른다는 어마어마한 두려움 그리고 시행착오로 '돈'을 잃을 수 있다는 것, 반대로 말하면 '환호'받는 실행만 골라서 하고, '돈'을 잃지 않을 만한 적당한 모험만 했다. 그래서 모든 게 '완벽'했다. 그러나 그런 실행은 '프락시스'가 아니었다. 그건 '연기'일 뿐이었다. 나는 내 이름처럼 늘 '연기'하고 살았다.

우선 실행이 무엇인가를 논하기 전에 다음의 표를 보자. '꿈과 목표'를 이루어 가는 과정을 꼼꼼히 조사하여 7단계로 분류해 보았다. 나는 7단계의 과정 중에서 3번과 4번이 '실행'이라고 생각한다.

〈꿈과 목표를 이루는 7단계〉

1. 꿈과 목표를 적는다.
2. 꿈과 목표로 가기로 결정한다.
3. **불확실성에 뛰어든다. (하면서 배운다. 생각하고 실행한다.)**
4. **꾸준히 헤맨다. 경험과 지식이 쌓인다. (프락시스)**
5. 운과 실력이 맞아떨어진다.
6. 원하는 것을 얻는다. (보상과 결과)
7. 원하는 곳으로 간다. 그런 사람이 된다.

실행할 때 따라오는 두 가지 부담을 다시 한번 떠올려 보자. 첫째는 '수치심'이고 둘째는 '금전적인 손해'이다. 먼저 '수치심'부터 말해 보자. '수치심'은 3번과 밀접하게 연관되어 있다. '불확실성에 뛰어든다.' 누구라도 처음으로 실행하는 것은 분명히 '불확실성'을 전제로 한다. 어떤 사람은 실행하면서 배우고, 어떤 사람은 먼저 배우고 나서 실행한다. 어떤 방법이 질적으로 더 우수하다는 증거는 없다. 분명한 것은 이러나 저러나 처음부터 잘할 수 있는 사람은 없다는 것이다. 누구든지 첫 번째 실행은 '불확실한 것'을 한다는 점이 공통적이다. 그래서 누구든지 처음 하는 일은 응당 실수하고, 다른 사람들에게 내 무식함이 드러난다. 당연한 현상이다.

단, 문제는 이것이다. 누군가의 첫 실행은 필히 주변 사람의 피로감을 유발한다. 누군가의 첫 실행은 다른 누군가를 불편하게 만든다. 누군가에게는 하지 않아도 될 '고생'을 선사하는 것이 나의 첫 실행이다. 이 순간 주변 사람은 어김없이 '실수'를 나무라고, '모르는 것'을 지적한다. '네 덕에 하지 않아도 될 고생을 한다는 뜻'이다. 그러므로 '수치심'이란 누군가의 피로감을 유발한 대가이다.

나는 '수치심'을 느낀 부동산 사무실을 나온 뒤 근방의 사무실을 차례차례 들어갔다. 그때 나는 집을 얻을 만한 목돈도 없었고, 경제 지식도 매우 부족한 상태였다. 수많은 사람을 상대한 '부동산 중개인'이 나를 한눈에 알아보지 못했을 리 없다. 나를 어떻게 바라보는지 깨닫는 데 그 후로도 족히 1년은 걸린 듯하다. 그렇지만 그때 내가 할 수 있었던 것은 불확실한 이 상황에 뛰어드는 것밖에 없었다.

할 수 있는 것을 한 것뿐이다. 신기한 것은 그 와중에도 아무 편견 없이 나의 첫 경험을 진심으로 '상대'해 준 중개인도 있었다는 것이다.

'수치심'을 줄일 수 있는 방법은 무엇일까? 사실 그런 건 없다. '수치심'을 느끼지 않으려면 아무 실행도 하지 않으면 된다. 그러나 그런 방법은 이 글에서 논의할 가치가 없다. 실행해서 무엇을 얻고자 한다면 '수치심'이 당연한 과정이라고 받아들여야 한다. 누군가는 당신의 첫 경험을 가엾어하기도 하고, 대견해하기도 할 것이다. 다만 내가 경험한 바로는 당신의 첫 경험을 나무라지 않는 귀인을 빨리 만나길 소원하라. 그러나 그 수가 매우 적으니 큰 기대는 하지 말라. 그보다는 '수치심'이야말로 실행의 동반자라고 여기는 게 제일 좋다. '폐를 끼쳐 죄송합니다' 하는 마음이면 뭐든 실행하지 못할 게 없다. 나는 이것을 깨닫고 아예 '처음이라 그런데요'라고 한 수 접고 들어간다. 그러면 오히려 나의 첫 경험을 대견해하는 사람을 많이 만난다.

둘째, '금전적인 손해'가 실행을 가로막는다. 금전적 손해는 4번과 연관되어 있다. "꾸준히 헤맨다!" 금수저와 흙수저, 정말 논하기 싫은 주제이지만 어느 순간 뼈저리게 다가온다. 인생은 '공평'하지 않다. 같은 학교를 다닌 같은 반 친구가 나와 오래 어울렸다고 해서 같은 사람이 되지는 않는다. 아무리 친한 사이라도 결국엔 각자 다른 삶을 산다. 20대를 돌아보니 제일 부러운 삶이 '금수저'였다. 금전적 손해를 입을까 봐 '시행착오'를 두려워하지 않아도 되는 친구들, 마음껏 헤매도 되는 친구들, 유학도 여행도 먹을 것도 입을 것도 마음껏 할 수 있는 친구들이 부러웠다. 그러나 나는 그 반대의 삶을 살았다. 친구들이 '밥'을 먹자고 해도 '주머니의 용돈을 만지작거리며 하루 일정'을 계산했다. '예산'이 곧 그날의 '일정'이었다. '돈'은 늘 실행의 한계를 결정짓는다. 헤매는 것 같지만 실제론 정해진 한계를 맴도는 것뿐이다.

그러나 금수저는 '열정'이 부족하고, 흙수저는 '기회'가 부족하다는 점에서 내가 살아온 삶만 잘못됐다고 생각하지는 않는다. 서로 결핍이 다를 뿐이다. 다만 흙수저는 '금전적 손해'가 우려되는 주머니 사정으로, 필히 '시행착오'경험을 못 하는 걸 깨달아야 한다. 해 보지 못한 것은 알지 못하는 것이다. 그게 설사 실패했다 하더라도 해 보지 못한 건 알지 못하는 것이다. 무엇이 되었든 해 본 사람과 해 보지 못한 사람은 '아는 것'이 질적으로 다르다. 흙수저는 그런 면에서 '해 보고 배울 기회'가 적다.

그러면 '돈'을 잃지 않고 시행착오 경험을 할 수 있는 방법은 무엇일까? 역시 그런 방법은 존재하지 않는다. 다만 생각을 바꾸면 가능하다. 즉, '돈'을 주고 시행착오 경험을 사라. 알고 싶은 분야를 먼저 '경험'한 사람의 것을 '돈'을 주고 기꺼이 사라. 시행착오를 경험하면서 '잃어버릴 돈'보다 기꺼이 주는 '돈'이 훨씬 조금 든다. 영어학원보다는 영국에 가라. '월급'을 못 받더라도 '실력자' 밑으로 가라. 회사에 들어가면 제일 잘하는 사람에게 '레슨'을 받으라. 그것만큼 빠른 길은 없다.

택배기사로 성공할 수 있는 방법이 '마케팅'과 'CS서비스'인 것을 알고 책을 사서 읽기 시작했다. '집화' 영업을 하는 기사만 성공할 수 있기 때문이다. 우리 대리점에서 '택배의 신'으로 불리는 선배에게 묻고 배웠다. 인터넷 커뮤니티에 들어가 온갖 유료 강의를 들었다. 결과적으로 강의비와 책값으로 지출한 비용의 100배를 더 벌었다. 이전의 나였으면 절대로 하지 않았을 행동이다. 그러나 생각해 보라. 다른 사람의 '시행착오'를 돈 주고 사는 것만큼 빠른 깨달음은 없다. 직접 돈을 잃어야 깨달을 수 있는 시행착오인데, 그보다 훨씬 적은 '돈'을 주고 배우는 길이다.

그러나 여기서 분명히 해야 할 게 있다. 돈을 주고 '경험' 그 자체를 살 수는 없다. 시행착오를 덜하는 길을 보았을 뿐이다. 굳이 해 보지 않아도 되는 방법만 알게 된 것이다. 중요한 것은 결국 자기가 직접 '실행'해야 한다. 완벽한 전략은 존재하지 않는다. 시행착오는 80%까지 줄일 수 있다. 나머지 20%는 실행하면서 깨닫는다. 실수는 줄일 수 있어도 없앨 수는 없다. 지름길을 알았다고 목적지에 도착한 것은 아니다. 달려가는 것은 자신의 몫이다. 그러므로 우리에게 가장 필요한 것은 불확실하지만 그럼에도 불구하고 실행하는 용기이다. 수치심과 금전적인 손해를 완전히 없앨 수는 없다. 최대한 줄였으면 이제 경기장에 뛰어들어야 한다. 우선 하는 것이다. 하다 보면 된다.

실행 2. 운의 공식 '발품'

사진작업실을 실패하고 택배기사 자리를 구할 때의 일이다. 그때 내 수중에는 돈이 없었다. 그럼에도 불구하고 택배기사 자리를 구했다. 이게 사실은 말이 안 되는 일이었다. 트럭 살 돈이 없는데 일자리부터 구하고 있으니 순서가 완전히 틀렸다. 그런데 간절했던 나는 이것저것 따질 겨를이 없었다. 정말 수십 군데 전화를 돌렸다. 그렇게 만난 택배대리점 대표와 면접을 치렀다. 그날 무슨 패기였는지 당당하게 말했다. "차 살 돈도 없습니다. 정말 열심히 하겠습니다. 뽑아 주세요." 대표는 걱정 말라며 일단 출근하라고 했다. 아무것도 없이 회사에 출근한 날, 트럭 한 대가 나를 기다리고 있었다. 사장의 사촌형이 쓰다가 둔 차였다. 대표는 일해서 갚으라며 가불로 처리하고 그 트럭을 내게 주었다.

몇 년이 지나 이 이야기를 내 주변에 하게 되면 다들 "아브라함이네!"라고 반응한다. 이삭을 데리고 모리아산에 올라간 날, 숫양이 수풀에 걸려 있었다[10] 는 이야기 말이다. 이 이야기에 감히 비교해 보면 나는 이렇게밖에 표현할 수밖에 없다. 운이 좋았다. 다만 사람들이 그게 '여호와 이레'라고 하는 표현은 좀 불편하다. 그게 다 '하나님의 은혜'라며 '이미 다 하나님이 준비해 놓으셨다!'는 말이 좀처럼 좋게 들리지 않는다. 무엇을 말하려는지 잘 안다. 그런데 그게 아니다. 이건 그냥 운이다, 운. 성경도 진정한 의미에서는 '운'을 말했다고 믿는다.

하지만 내 이야기를 듣는 사람들은 그런 의미로 받아들이지 않는

---

[10] 창세기 22장

다. 기독교인이든 아니든 상관없이 이 반응은 동일하다. 이 이야기를 들은 사람들은 '마치 잘될 줄 알았는데 또 마침 잘되었네!'라는 식으로 말한다. 아니다. 나는 전혀 그렇지 않았다. 일이 다 지나고 나서 되짚어 보면 그 '운'이 마치 '필연'이었다고 해석하는 데 동의하지 않는다. 실전에서는 전혀 그렇게 작동하지 않는다. 그냥 헤매는 것이다. 거기에 무엇이 있는지 모르고 들이댄다. 머리로 상상하고 예측하는 것이 아니라 직접 발품 팔며 돌아다니다 우연히 얻어걸린다. 즉, 운은 실력도 아니고 예측 가능한 영역도 아니다. 그저 발품 팔다가 우연히 때가 맞았을 뿐이다. 말 그대로 '운'이다.

나는 성공한 부동산 투자자의 글에서 엄청난 '동기 부여'와 엄청난 '실망감'을 동시에 받았다. '운'을 대놓고 말해 주는 사람들이 드물었기 때문이다. 이 정도는 별일 아니라는 말투이다. 앞뒤를 잘 따져보니 절대 그렇지 않다. 사실은 '엄청난 노력'에 맞아떨어진 '운'을 겸손히 표현한 것뿐이었다.

특히 부동산 '급매'라는 걸 처음 알게 된 날, 정말 안 먹어도 배가 불렀다. '급매' 이거 한 번이면 몇 천만 원을 싸게 살 수 있단다. 생각만 해도 '부자'가 되는 건 시간문제였다. 이처럼 부동산 '급매'를 논할 때 '발품'을 쏙 빼고 '운'만 얘기하면 이게 그렇게 쉬워 보일 수가 없다. 그러나 진짜 '급매'물은 인터넷사이트에 올라오지조차 않는다. 인터넷에 올라온 매물은 형식적 '급매'이다. 진짜 '급매'물은 현장에서 이미 팔린다. 발 빠른 사람들의 것이다. 나 역시 한 번의 '급매'를 잡기 위해 반년 이상 같은 사무실에 발품을 팔았다. 다 지나간 일이에서 6개월이라 말하는 것이다. 실제로는 언제 찾아올지 모르는 '운'이니 그게 반년이 될지, 1년이 될지 모른 채 꾸준히 '발품'을 팔았다는 것이다.

 '운'을 믿지 말고 자신의 '발'을 믿어야 한다. 진짜 실행해 본 사람만 '운'이 무엇인지 안다. '운'은 발품의 대가이다. 노력한 사람에게 주어지는 보너스 같은 것이다. '운'이 어디에서 정확히 기다리고 있는지 알고 있어서 그리로 가는 게 아니다. 우선 실행하다가 걸리는 게 운이다. 그러므로 다른 누군가의 '운'에 휘둘릴 필요가 없고, 나만 '운'이 없다고 원망할 이유도 없다. 꾸준히 실행하면 얻어걸린다. 나만을 위한 운이 어디선가 기다리고 있으니 열심히 발품을 팔 일만 남았다.

실행 3. 4가지 실행공식
'흥정, 세일즈, 온라인 마케팅, 비즈니스 수익모델'

〈전 세계 내 집 마련 걸리는 시간!〉

지역	대졸 평균연봉	한푼도 안쓰고 모으면	한달에 100만원 모으면
서울	한국 3,382만원	'29년' 1991년부터 모아야함	'83년' 일제시대부터 모아야함
뉴욕	미국 6,161만원	'32년' 1988년부터 모아야함	'165년' 조선 철종때부터 모아야함
베이징	중국 960만원	'52년' 1968년부터 모아야함	'138년' 당나라때부터 모아야함
런던	영국 3,600만원	'19년' 2001년부터 모아야함	'58년' 1962년부터 모아야함
도쿄	일본 2,470만원	'37년' 1983년부터 모아야함	'78년' 일제시대말부터 모아야함

"전 세계 내 집 마련 걸리는 시간!" 인터넷에 떠도는 자료이다. 임금은 낮은데 그에 비해 집값이 너무 비싸다는 걸 비꼬는 글이다. 대도시 평균가격 아파트를 사는 데 걸리는 시간을 각 나라의 평균임금에 비교했다. 우리나라는 10억 원 아파트를 기준으로 29년을 모아야 한다는 계산이 나오고, 한 달에 100만 원을 모은다면 83년을 모아야 가능한 금액이라는 결론이 나온다. 많은 사람에게 공감을 사서 많이 공유되었다. 그러나 3장 '금융지식이 곧 경제수준이다!'를 읽었다면, 이 표가 어딘가 이상하다는 점을 눈치 챘을 것이다. 그렇다. '돈'을 모아서 집을 사겠다는 생각은 애시당초 화폐 5.0 시대에는 완전히 틀린 방식이다.

이 표가 의미하는 바는 하나이다. 무턱대고 열심히 해서는 안 된다. 허공에 노를 젓는다고 배가 앞으로 나가지 않는다. 실행은 '인과법칙'을 따른다. 무작정 실행하는 것이 가장 어리석은 방법이다. 잘못된 공식을 갖고 있다면 잘못된 결과만 낳는다. 어떤 방향으로 가고 있는지 필히 확인해야 한다.

〈직업의 구분〉

1. 시급, 도제 2. 연봉, 직원 3. 마케팅, 세일즈, 인센티브 4. 사업, 투자
단순 열심 〈─────────────〉 복합 전략

이 표가 단순하게 직업을 나열한 것으로 이해하면 안 된다. 직업마다 실행 공식이 매우 다른 것을 알아차려야 한다. 직업이 달라지면 실행공식도 완전히 달라진다. 먼저 '시급이나 도제'는 무작정 '열심'히 하면 된다. 아무 공식도 전략도 필요 없다. 누구든지 '열심히'만 하면 된다. 그러나 더 나은 소득을 올리려면 방식 자체가 달라져야 한다.

우선 더 좋은 연봉을 받는 직원이 되려면 '개인의 전문화'에 중점을 두어야 한다. 학교교육과 사교육이 이걸 목표로 한다. 취업이 목표인 사람들은 '전문성'을 갖춰야 한다. 그래서 스펙을 쌓고 자기소개서를 작성하는 데 열을 올린다.

그러나 영업직이나 사업을 하려면 더는 그런 공식이 통하지 않는다. '더 많은 고객과 소통'하는 게 중요하기 때문이다. 즉, '마케팅'과 '세일즈'에 중점을 두어야 한다. 마찬가지로 사업을 시작하면 '비즈니스 수익 모델'이 결과를 결정한다. 사업은 설계한 대로 결과가 나오기 때문이다.

현대 학교교육의 교과가 '더 좋은 연봉을 받는 직원'이 되는 걸 목표로 하기에 교과서의 목적은 취업을 위한 '전문화'에 치중되어 있다. 또한 시중에 나온 경제 서적 역시 '대기업'이 주도해서 내놓은 것들이기에 일개 개인이 '경제 공부'를 하면서 직접 마케팅 공식을 배우고, 세일즈 실행공식을 알아가는 데는 자료가 매우 부족하다. 막상 자료를 찾는다고 해도 직접 교과서를 선정하는 과정부터 얼마나 어려운지 모른다.

그래서 많은 사람이 직업을 바꾸면서 '실행공식'을 전환하는 데 매우 애를 먹는다. 직장 은퇴 후 차린 치킨집이 망할 수밖에 없는 이유가 여기에 있다. 열심히 출근한다고, 음식만 잘 만든다고 장사가 잘 되는 것은 아니다. 연습해 본 적도 없는 일을 '직장'을 다니던 방식으로 접근해선 절대 원하는 결과를 얻을 수 없다.

분명한 것은 앞으로 우리가 맞이할 사회는 1인 기업 시대가 될 것이다. SNS와 온라인 시장은 개인의 '마케팅과 세일즈' 능력이 더욱 요구된다. 앞으로는 더 많은 개인이 직접 '시장'에 뛰어들어 자신의 상품과 서비스를 파는 사람이 많아질 것이다. 자영업, 영업직, 방문판매직, 인센티브 성과직과 1인 기업을 위한 '실행'공식 4가지를 나열한다. 이 기초공식을 확인하고 관련 서적과 전문인의 살을 붙이면 분명히 시행착오를 80% 줄일 수 있다.

1) 마케팅 기본 공식 '흥정과 협상'

사람들이 '상품'을 시장에 직접 들고 나와 거래를 하던 시절로 돌아가 보자. 17~18세기만 하더라도 '가격표'라는 게 없었다. 시장에는 상품만 덩그러니 있었을 뿐 '얼마인지' 쓰여 있지 않았다. 흥정과 협상, 판매자와 고객 사이에는 항상 이런 식의 밀고 당기기가 있었다. 똑같은 상품이 가게마다 가격이 다르고, 손님마다 다른 가격에 팔렸다. 실제 가격보다 비싸게 팔아도 되고, 말을 잘 못 하는 고객은 바가지를 씌워도 상관없었다. 말 그대로 엿장수 마음이었다. 그러다가 기독교인 사이에 '흥정'이 비도덕적인 행위라며 판매자가 먼저 '가격표'를 게시해야 한다는 움직임이 생겼다. 그 후 '정가'가 생겼고 잦은 '흥정'이 사라졌다.

'흥정'은 시장에서 소통하는 방식이다. 바로 이 '흥정과 협상'이 마케팅의 핵심 개념이다. 고객이 되었든, 사장이 되었든 상관없이 누구나 '흥정' 잘하는 법을 배워야 한다. 판매자와 고객이 항상 이런 식의 '흥정'을 한다. 내가 판매자라면 더 높은 가격을 받는 데 중점을 둘 것이고, 내가 고객이라면 더 낮은 가격에 사는 데 중점을 둘 것이다.

〈흥정과 협상〉

- 판매자 : 10만 원이요! (호가)
- 고 객 : (고개를 흔들며) 7만 원에 주세요!
- 판매자 : (씩 웃으며) 그럼 8만 5,000원만 줘요!
- 고 객 : 8만 원! 아니면 저 갑니다!

먼저 고객 쪽에서 '흥정'을 생각해 보자. 지금도 표준소비자 가격표가 붙어 있지 않을 경우에는 무조건 '흥정'이 가능하다. 가구점, 전자제품점, 부동산, 도매시장, 과일시장, 고기시장 등에서는 이런 원리로 매일 거래가 이루어진다. 판매하는 사람은 이 '흥정'의 원리를 잘 알고 있기에 처음부터 '호가'를 세게 부른다. 이런 흥정의 원리가 나중에 마케팅 법칙으로 정리되어 '앵커링효과', '휴리스틱', '문간에 발 들이기' 등으로 정리되었다. 판매자는 이런 '마케팅 공식'대로 가격을 제시한 것이다. 고객 쪽에서는 반대로 관심 없는 척한다거나 터무니없는 가격을 부르는 게 '마케팅 공식'이다. 그러나 이 같은 흥정의 공식을 모르는 고객은 제대로 된 흥정 한 번 해 보지 못하고 비싼 가격에 결제할 수밖에 없다.

실생활에 이런 흔적을 많이 찾아볼 수 있다. 이미 밑줄이 그어져 있는 가격표는 볼 때마다 의문이다. 이미 흥정한 것 같은 기분이 들게 하는 마케팅 행위이다. ~~100만 원~~ → 80만 원. 사실 이 가격조차도 '호가'라는 걸 눈치 채야 한다. 판매자가 가격을 깎은 것처럼 말하지만 어쨌든 처음 부르는 금액은 호가이다. 고가 제품 판매원이 이런 방식을 자주 사용한다. 소비자는 좀 몰랐으면 하는 기술이지만 판매자는 꼭 알아야 하는 마케팅 기술이다. 얼마나 많은 판매자가 수많은 시행착오를 경험했을지 생각해 보라. 어떻게 하면 팔리고, 어떻게 하면 안 팔리는지 이미 다 정리되어 있다.

그렇다면 이번에는 판매자 쪽에서 '흥정'을 생각해 보자. '흥정'은 주로 '고객'을 직접 만나는 판매자에게 요구되는 기술이다. 그래서 흥정을 잘하려면 말하는 요령이나 소비자 행동심리학, 협상 등을 배워야 한다. 장문정의 ≪팔지 마라 사게 하라≫, 허브 코헨의 ≪협상의 법칙≫ 같은 책이 이런 방법을 잘 설명해 준다.

그럼 그 시대에 장사를 잘하려면 무엇이 중요했을까? 그 당시에는 물건을 사려면 손님이 직접 '시장'에 나왔다. 시장에는 많은 사람이 있었다. 그러므로 '판매자'는 '손님의 이목을 끄는 것'(유입)과 '흥정을 시작한 고객을 최대한 구매하도록 만드는 것'(전환)이 중요했다. 그래서 커다란 인형을 세우고, 화려한 간판을 달고, 우렁찬 목소리로 "오늘이 마지막!"이라고 외치는 것이다. '목소리' 크고 튀는 성격은 장사를 잘하는 재능이다. 이런 사람이 되기 위해 지금은 스피치, 대인관계, 협상, 고객만족서비스 등을 배운다.

나는 '흥정과 협상'의 기본 원리조차 모른 채 택배기사를 시작했다. 앞서도 말했지만 고객과 소통하는 방식을 몰랐던 나는 불필요한 다툼이 잦았다. 흥정과 협상의 방식을 모르니 매번 자기 처지만 변호하기에 바빴던 것이다. 처음 이 기술을 실행한 날을 잊을 수 없다. 수화기 너머로 심한 욕설을 하는 고객과 다투던 중 침착하게 말했다. "고객님, 욕하지 마시고요. 원하는 게 무엇이세요? 원하는 걸 말씀해 보세요!" 주뼛거리던 고객은 '집에 어르신이 사시니 벨을 누르고 직접 택배 물품을 달라'는 요청이었다. 그제야 나는 웃으며 대답했다. "고객님 벨이 고장 난 거 아시죠? 벨부터 고치시면 당장 해드리겠습니다!" 그분은 바로 벨을 고치셨고, 나도 어르신께 직접 택배 물품을 건네 드렸다. 그러자 나중엔 내 트럭만 보고도 음료수를 들고 달려 나오셨다. '흥정과 협상'의 기술을 익히자 내 면전에서 욕을 한 고객까지도 전부 베스트 고객이 되었다. 따라서 내가 직접 '고객'을 만나는 직업이라면 당장 '흥정과 협상'부터 배울 것이다.

2) 20세기 마케팅 공식 '세일즈'

20세기 초반부터 '공산품', '자동차', '옷' 등 정말 많은 상품이 만들어졌다. 산업혁명으로 기술이 발달하자 갑자기 '상품'이 엄청나게 쏟아졌다. 그런데 그때는 거의 다 인류 '최초 상품'이었다. 한 번도 사본적도, 써 본적도 없는 상품이 마구 만들어졌다. 가게에는 물건이 쌓이고, 공장에선 계속 만들어지는데 예전처럼 판매자가 배짱 있게 '호가'만 불렀다간 굶어 죽을 시기가 온 것이다.

파는 방식을 바꿔야 했다. 더는 가게에 가만히 앉아 있을 수 없었다. 고객을 찾아야 했다. 그래서 새로 생긴 '마케팅 방식'이 세일즈(방문판매)였다. 영업사원이 서류가방 하나 들고 고객을 찾아 구둣발이 닳도록 집집마다 방문했다. 우리말로 방문판매 혹은 성과제 영업직을 말한다. 예전에는 '고객'이 시장으로 찾아왔다면 이제는 판매자가 '고객'을 찾아다니며 '설득'해야 했다.

영업사원은 무작정 고객을 찾아가기 시작했다. 그중에는 분명 눈에 띄게 '잘 파는' 사원이 생겼을 것이다. 분명 자신의 '시행착오' 경험을 면밀히 분석해 '공식'을 찾은 것이다. '고객'이 어떻게 반응하는가 확인해 보았더니 고객이 '상품'을 구매하기까지 그 상품을 알아가는 단계가 있다는 걸 발견했다. 그걸 정리한 공식이 '마케팅 퍼널'이다. 고객은 '물건'을 사기까지 대략 이 같은 과정을 거친다.

〈 흥정 〉	〈 마케팅 퍼널 〉	〈 세일즈 7단계 〉
• 손님의 이목을 끄는 것(유입) • 흥정을 시작한 고객을 최대한 구매하도록 만드는 것(전환)	• 인지 : '아 저런 상품이 있구나.' • 흥미 : '어, 의외로 괜찮네!' • 관심 : '이거 어떻게 사용하는 거지?' • 의심 : '이거 진짜 좋은 거 맞아?' • 질문 : '이거 이런 식으로도 가능한가?' • 구매 결정 : '사도 되겠다!' • 재구매 : '믿고 또 사야지.' • 추천, 입소문 : '이거 사!'	• 1단계 가망고객 발굴 • 2단계 전화 • 3단계 면담 • 4단계 고객 정보 수집 • 5단계 2차 미팅 (프레젠테이션) • 6단계 클로징 (구매 확정) • 7단계 계약

이제 막 '상품'을 본 고객에게 고민할 시간도 주지 않고 '이거 사 주세요!'라고 요청하면 거절당할 확률이 매우 높다. 고객은 구매를 결정하기 전에 많은 과정을 거쳐야 한다. 수십 번 거절당한 '영업사원'도 더는 거절당하기 싫어 자신의 시행착오를 면밀히 들여다본 것이다. 거절당하지 않고 판매하는 방식을 정리한 것이 '마케팅 퍼널'이다.

그러므로 파는 사람은 '사는 사람'의 심리에 맞춰 전략적으로 행동해야 한다. 보험업계와 자동차 판매 업계는 이미 이런 공식을 기초로, 7단계 세일즈 공식을 가르치고 있다. 판매 과정에서 해야 할 행동양식을 정리한 것이다. 어떻게 말하고, 어떻게 행동해야 하는지 '대본'까지 존재한다. 이 공식은 지금도 여전히 유효하다. 고객을 찾아 직접 방문하는 업종이라면 세일즈 공식을 참고하면 좋겠다. 특별히 지그 지글러의 ≪클로징≫이나 최헌의 ≪보험상담의 비밀≫을 추천한다. 먼저 큰 틀에서 '실행'공식을 파악한 뒤에 실전에 나서도 늦지 않다.

3) 21세기 마케팅 공식 '온라인 마케팅'

그러나 시대가 또 한 번 완전히 바뀌었다. 언제부턴가 고객이 '영업사원'을 무시하기 시작했다. '보험회사'라고 하면 치를 떤다. 이메일은 이미 스팸 천국이다. 매일같이 울리는 '카드사 전화 영업'에 지칠 대로 지쳤다. 더는 고객에게 직접 '세일즈'를 하는 방법이 최선이 아니다. 왜 그럴까? 고객은 세일즈 시대에 겪은 불쾌한 경험을 기억하고 있다. 수많은 고객이 '피싱'에 가까운 마케팅에 당해 보았다. 필요하지 않은데도 2~3개를 구매했다. 이제는 상품을 새로 살 사람도 없고, 사야 할 물건도 없다. 물건을 팔기가 더 어려운 시대가 되었다.

결정적으로 인터넷이 시작되었다. 이제는 고객이 자기가 살 물건을 직접 찾는다. 가고 싶은 가게, 배우고 싶은 강사, 필요한 상품을 고객이 먼저 찾는다. 인터넷에서 아주 은밀하고 일방적으로 말이다. 고객이 스스로 찾고, 의심하고, 질문하고 결제한다. 인터넷시대가 온 것이다. 이런 시대 흐름을 보면 지금은 물건을 팔기가 가장 쉬우면서 그와 동시에 가장 어려운 시대이다. 누구라도 인터넷으로 장사를 시작할 수 있으므로 한 번 팔기는 쉽지만, 예전보다 경쟁이 훨씬 심하고 고객을 모으기가 훨씬 어려우므로 많이 팔기는 어려운 시대가 된 것이다.

다만 역사상 시행착오를 통해 알아낸 공식은 여전히 유효하다. '흥정'과 '세일즈' 공식은 인터넷시장에서도 동일하게 작용한다. 사람들은 인터넷으로 옮겨갔고, 사업 역시 인터넷으로 옮겨갔지만 '사업'의 기존 마케팅 공식은 그대로이다. 이제 판매자가 가진 모든 지식과 방법을 동원해 고객이 '인터넷'에서 원활하게 쇼핑하도록 먼저 준비해야 한다. 고객을 직접 찾아가는 게 아니라 나에게 찾아올 고객에게 먼저 정보를 게시해야 한다. '온라인 마케팅'은 '고객'이 스스로 '쇼핑'하도록 모든 정보를 먼저 공개하는 방식이다.

그러나 또다시 문제가 발생했다. 인터넷시대는 '흥정'의 시대와 같이 '판매자'가 '양심'을 속일 수 있다. 인터넷에는 각양각색의 그럴듯한 사진과 거짓 정보로 피싱에 가까운 마케팅을 장려한다. 광고 아닌 척 광고를 했다가 고객의 뭇매를 맞기도 했다. 사진과 글로써는 '진짜와 가짜'를 도저히 구분할 수 없다. 고객은 그 어느 시대보다 '의심'의 눈초리가 가득하다. 따라서 '판매자'의 진정성이 그 어느 때보다 '중요한 가치'로 요구된다. 오죽하면 '내돈내산'이라는 후기를 다는 '고객'이 생겼을까 말이다.

마케팅을 주장하는 사람들은 크게 두 부류로 나뉜다. '1회성 판매자'와 '지속 판매자'이다. 1회성 판매자는 어떻게 해서든 사람을 불러 모으는 게 중요하다고 말한다. 따라서 '당장 손님의 이목을 끄는 것'을 마케팅이라고 강조한다. 그래서 그 어느 때보다 키워드 유입, 행동심리학, SNS마케팅을 강조한다. 그러나 지속적으로 판매하는 게 중요하다는 견해를 가진 사람은 '진정성'을 강조한다. 강민호의 ≪변하는 것과 변하지 않는 것≫, 세스 고딘의 ≪마케팅이다≫를 추천한다. 이들은 한결같이 우선 고객과 신뢰를 쌓은 뒤 먼저 유용한 정보를 주면서 사람을 모으라고 조언한다. 판매는 그다음에 자동으로 이루어지니 말이다. 이 같은 특성을 잘 이해하고 '마케팅'에 임하면 자신에게 맞는 방식을 찾기가 수월할 것이다.

〈온라인 마케팅 1회성 판매시〉	〈온라인 마케팅 지속 판매시〉
• 1단계 손님의 이목을 끄는 것(유입) 키워드 유입, 조종, 퍼포먼스 마케팅, SNS마케팅 • 2단계 구매 전환 '흥정을 시작한 고객을 최대한 구매하도록 판드는 것'(설득)	• 1단계 신뢰 형성 SNS마케팅, 무료 콘텐츠 • 2단계 가치 입증 상품과 서비스의 질 확인 • 3단계 구매 전환 본격 판매 • 4단계 재구매와 입소문 고객 인증

나는 택배기사로서 '마케팅과 세일즈'를 배우고 싶었다. '영업'으로 더 많은 수익을 얻고 싶었기 때문이다. 그때 도움이 된 공식이 '세일즈'였다. 이 공식을 알게 된 뒤 내가 담당하는 지역에서 고객 연락처를 조사했다. 그다음 '전화와 문자'로 영업했다. 빨리 '계약'을 했으면 좋겠지만 그 전에 상대에게 고민할 시간을 충분히 주어야 한다는 걸 깨닫자 조급하지 않을 수 있었다. 택배를 보내는 사람 편에서 궁금한 것들을 정리해서 보냈다. 전화상담을 하더라도 억지로 계약을 권하지 않고 친절히 설명만 했다. 그러면 어김없이 한 달 이내 계약이 이루어졌다.

어떤 업종은 여전히 '흥정'이 중요하고, 어떤 업종은 '세일즈' 방식이 중요하다. 자기 업종에 맞는 마케팅 방식을 적용해서 실행해야 한다. 그럼에도 불구하고 이 세 가지 마케팅 중 시대에 맞는 방식을 고르라면 어느 방식일까? 당연히 '온라인 마케팅'이다. 지금은 오프라인 상가에서 시작하는 사업조차 '온라인'에서 '마케팅'을 하기 때문이다.

4) 사업가의 설계공식 '비즈니스 수익모델'

> "상품의 가격 × (고객) 구매 회수 = 매출"
> 매출 × 순이익률(업종별 기대수익률) = 순이익

자, 이제 본격적으로 자신의 사업을 시작해 보자. 마케팅과 세일즈의 공식을 실천했다면 비로소 자신의 사업을 시작할 때가 온 것이다. 모든 사업은 '비즈니스 수익 모델' 공식에 따라 '성과'가 나온다. 최선을 다한다고 성과가 무한정 늘어나지는 않는다. 구조가 결과를 결정한다. 그러므로 사업을 시작하기 전에 '비즈니스 수익 모델'을 확인하는 게 우선이다.

비즈니스 수익모델이란 무엇일까? 예를 들어 '음식점'을 차렸다고 하자. 이해를 돕기 위해 계산하기 쉬운 모델을 예로 든다. 그러면 1인당 평균 상품 가격은 단품 메뉴 주문 시 1만 원, 요리 메뉴 주문 시 2만 원 수익을 예상할 수 있다. 그렇다면 고객의 구매 회수는 어떻게 될까? 평범한 상가 1칸에 창업했다고 치자. 보통 상가 1칸의 전용면적은 11평 정도이다. 이 음식점은 4인 테이블 6개를 가지고 있다. 그리고 시간당 1번 테이블이 꽉 찬다고 가정해 보겠다. 하루 12시간 영업하고, 한 달에 24일 영업한다고 하자. 매출을 계산해 보겠다. 1만 5,000원 × 4인 × 6개 × 12시간 × 24일 = 1억 368만 원이다.

보통 식당의 순이익을 20% 정도로 계산한다. 재료값이 50~60%, 인건비와 임대료 20~30%를 지출하고 남은 금액이 순이익이다. 그럼 이 식당의 최대 기대순이익은 2,703만 6,000원이다. 현실적으로 만실이 어려우므로 50% 정도 손님이 찼다고 하자. 이 식당의 최대 기대순이익은 1,036만 8,000원이고, 평균 기대순이익은 다시 50%, 즉 518만 4,000원이다.

정리하면 이 식당의 비즈니스 수익 모델은 기대수익이 518만 4,000원으로서 최대 700만 원에서 최저 300만 원의 이익을 기대할 수 있다. 여기까지 설명을 해도 갑자기 이해되는 사람이 많을 것이다. 열심히 한다고 최대 순이익이 무한정 늘어나지는 않는다. 열심과 수익은 비례하지 않는다. 비즈니스 모델을 확인하면 이 사업 모델의 최대 이익을 추정할 수 있다.

그렇다면 택배기사의 비즈니스 수익모델은 어떻게 될까? 보통 한 달에 6,000개 전후를 배송하는 게 초보 사원의 실력이다. 배송품 개당 800원가량의 매출이 발생하고, 집화 영업은 개당 평균 400원의 매출이 발생한다. 순이익율 70%로 계산하면 개당 560원의 순이익이 발생한다. 그러므로 초보 사원의 기대순이익은 336만 원이다. 나는 2년 이내 배송 수량 월 8,000개, 집화 4,000개를 수익목표로 정하고,

비용 절감과 절세 전략으로 순이익률을 85%까지 끌어올리도록 했다. 이처럼 비즈니스 수익모델을 통해 수익 목표를 확인하자 실제로 2년이 채 안 되어 목표를 달성했다.

사업을 실행할 때 비즈니스 수익모델을 확인하는 건 매우 좋은 전략이다. 내 사업 모델의 최대 이익은 이미 비즈니스 수익모델이 결정하기 때문이다. 그렇다면 더 많은 수익을 올리려면 어떻게 해야 하는가. 무작정 열심히 할 게 아니라 전략과 공식을 바꿔야 한다. 즉, 상품의 단가를 올릴 수 있는 사업, 고객이 무한정으로 늘어나는 사업, 사업 모델이 자동으로 움직이는 사업, 사업장이 늘어날 수 있는 사업 등을 해야 한다. 그럼에도 불구하고 최대 수익률은 정해져 있기에 그보다 더 많은 수익을 원한다면 결국 '비즈니스 수익모델 자체'를 다른 업종으로 바꿔야 한다.

실행 4. 5대 전자정부, 세금과 증명서는 시간을 아끼라

'돈'과 관련한 어떤 실행을 하더라도 그 마지막에는 '정부'가 기다리고 있다. 국가기관, 금융기관, 협회, 단체 등 세금과 증명서를 첨부할 일이 계속 발생한다. '세금'과 '증명서'는 경제활동에서 큰 산이다. 증명서 한 장을 발급하려고 '기관'을 방문하려면 '하루'가 간다. 그런 일이 앞으로 수십, 수백 번 기다리고 있다고 생각해 보라. 굉장한 부담이다. 한 번의 실수로 같은 기관을 두 번이나 방문할 일이 생기면 일의 능률이 매우 떨어진다. 교통비와 수수료 그리고 시간, 그 한 장의 '증명서'를 얻기 위한 대가가 너무나 크다. 그러나 5대 전자정부 시스템에 직접 접속하면 이 모든 것을 아낄 수 있다. 여러 부처를 방문해야 하는 날도 생기는데 전자정부 시스템에 접속하면 집에서 1시간이면 모든 일처리가 가능하다.

〈필수 상식 세금 목록〉

구 분	프리랜서	직장인	개인사업자	법인사업자
주요 세금	3.3% 소득세	소득세, 갑근세, 4대보험 원천징수 (건강보험 직장가입자)	부가가치세, 종합소득세 (건강보험지역가입자)	법인세 배당소득세 종합소득세
세금 공제		연말정산 소득공제 (현금영수증 및 신용가드)	부가가치세 매입공제, 종합소득세 세액공제 현금영수증 발급가입	
공 통	지방세(주민세, 자동차세 등) 양도소득세, 배당소득세, 재산세			

우리나라는 2002년부터 전자정부 시스템을 시작하였고, 2015년부터 거의 상용화되었다. 정말 위대한 혁명이다. 동사무소를 비롯해 세무서, 등기소, 법원 등 주요 정부 업무를 집에서 PC와 모바일로 직접 처리할 수 있다. 세금 납부와 증명서 발급 모두 직접 처리가 가능하다. 등기소 발급 서류를 제외하고, 전자정부 발급 서류는 모두 무료 발급이다. 방문 시간도 아끼고 발급 비용도 아낄 수 있으니 전자정부 활용은 경제활동에서 필수 요소이다.

〈필수 전자정부 홈페이지 및 주요증명서 목록〉

정부 홈페이지	주요 업무	주요 증명서
정부24 (인터넷 정부)	동사무소 업무 및 국가 주요기관 증명서 발급 일체	주민등록등본, 주민등록초본, 가족관계증명서 세금납부증명서 건강보험자격득실확인서 건강보험납부내역서 등 일체의 증명서
홈택스 (인터넷 세무서)	연말정산 부가가치세 신고 종합소득세 신고	소득금액증명원 사업자등록증 부가세 표준 증명
지방세 (서울-e택스 지방-we택스)	지방세 납부 업무 및 증명서	지방세 세목별 과세증명 주민세, 자동차세 납부
전자등기 (인터넷 등기소)	부동산, 차량, 법인 등기 관련 업무	부동산 등기사항 증명서 차량 등기사항 증명서 법인 등기사항 증명서
전자소송 (인터넷 법원)	민사 전자소송 형사 전자소송(2025년)	전자소송 등록 후 소송 서류 직접 열람

나는 5대 전자정부 홈페이지를 적극 추천한다. 세금 납부와 증명서 발급을 위해 몇 번이나 정부기관을 방문해 본 사람은 뼈저리게 느낄 것이다. 이건 단순히 공무원에게 하는 원망이나 불평이 아니다. 아주 간단한 서류조차 직접 방문했을 때 드는 시간과 비용이 막대하다. 한 번만 접속해 보면 평생 가능하므로 꼭 접속해 보길 바란다. 특별히 '인감증명서'조차 '본인서명거래확인서'로 바뀌어 더는 '도장'이 필요하지 않은 시대가 되었으니 지체 말고 사용하길 바란다.

이처럼 좋은 전자정부를 활용하지 못하는 이유로 증명서 발급 시 종이 프린트를 할 수 없다는 이유를 든다. 그러나 꼭 종이로 프린트할 필요는 없다. 윈도 환경의 PC에서는 인쇄 버튼을 누르면 'Print to PDF' 옵션을 선택하여 PDF파일로 저장할 수 있는 기능이 내장되어 있다. 그래서 아래와 같이 PDF파일로 저장하는 방법을 첨부한다. PDF파일로 저장한 뒤에 메일이나 문자로 전송하면 그다음 일처리는 쉽게 할 수 있다. 사진파일로 바꾸려면 모바일에서 PDF 파일을 열고 '캡처' 기능을 적극 사용하길 바란다.

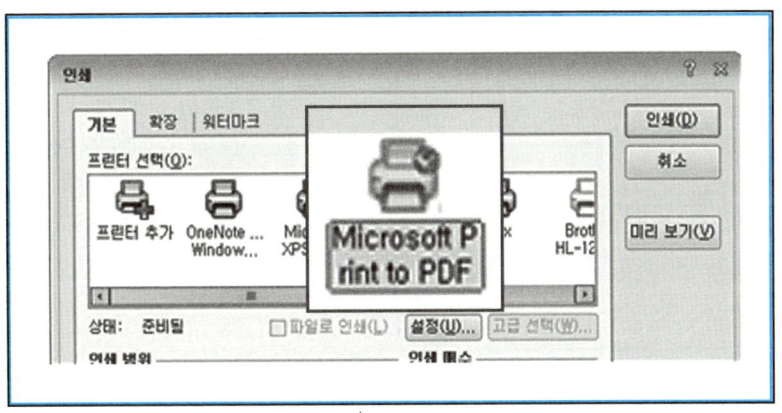

택배기사 된 목사의
생존경제학

제6장 Where '마음'
"돈은 어디서 버는가?"
돈은 마음에서 나온다.

where

제6장 '마음'
"돈은 어디서 버는가?" 돈은 마음에서 나온다.

마음은 인생의 나침반이다.

흔히 그런 표현을 쓴다. '나를 잃어버렸다.' 그 나를 잃어버렸다는 말은 알겠는데 도대체 그 나를 잃어버린 게 뭐다? 이렇다 할 설명을 듣기가 참 어렵다. 어떤 사람이 나를 잃어버린 사람일까. 그리고 나를 잃어버린 사람은 어떻게 하면 나를 찾을 수 있을까? 영화 ≪굿 윌 헌팅(Good Will Hunting)≫의 주인공 '윌'처럼 정신과 의사의 도움을 받아 나를 찾을 수만 있다면 얼마나 좋을까. 그러나 현실은 그렇지 않다. 현실엔 의사를 만나야 할 만큼 '나를 잃어버린 사람'이 꽤나 많다.

사람은 다 각자 고유한 '마음'을 가지고 있다. 나침반이 항상 '남과 북'을 알려주듯이 마음은 '좋아하는 것과 싫어하는 것'을 알려준다. 즉, 가야 할지 멈춰야 할지, 좋은지 싫은지, 맞는지 틀리는지, 이쪽인지 저쪽인지 마음이 가리킨다. 이 세상 모든 것은 자기 마음의 나침반으로 구분할 수 있다. 모두가 다 맛있다고 하더라도 자기 입맛에 맞지 않으면 '나쁜 것'이 되고, 모두가 다 이상하다고 해도 자기가 좋으면 '좋은 것'이 된다. 세상의 중심은 자기 마음이다.

정신분석학자 프로이트는 '마음의 나침반'이 작동하는 원리를 다음과 같이 설명했다. 마음속에는 세 가지 각기 다른 마음이 있다. '본능에 이끌리는 대로 하고 싶은 나(원초아)', '해야 할 일을 하자고 재촉하는 나(초자아)', 그 사이에서 '하고 싶은 것을 결정하는 나(자아)'이다. 이 세 가지 '나'가 서로 영향을 주고받으며 마음으로 활동한다.

예를 들어 중국음식점에 불편한 사이인 사람과 함께 갔다고 하자. 하필 대접받는 자리이다. 차례대로 "뭐 시킬 거냐?"고 묻는다. 앞에서부터 여덟 명이 주르륵 '자장면'을 외친다. 나는 가장 마지막 자리에 앉았다. 그날 식사를 대접하시겠다는 사람은 마침 내 옆자리이다. 그 사람마저 "저도 자장면이요!"라고 주문한다. 결국 아홉 명이 모두 '자장면'을 주문했다. 자, 이제 내 차례다. 모두가 나의 결정을 기다리고 있다.

그때 내 마음속 세 명의 '나'가 서로 싸운다. 외부의 시선 따위는 상관없이 '본능에 이끌리는 대로 하고 싶은 나'는 말한다. "인생 뭐 있어? 크게 크게 가자고 해! 난 탕수육이 제일 좋아! 탕수육 갑시다!" 그때 '엄숙한 목소리로 해야 할 일을 하자고 재촉하는 나'의 목소리도 들린다. "지금 상황 파악이 안 돼? 묻지도 따지지도 말고 자장면이지. 빨리 대답해 저도 자장면이요.", '재판관의 자리에 앉아 결정하는 나'는 괴롭다. 마음의 갈등을 부추기는 천사와 악마의 목소리 사이에서 갈팡질팡하고 있다. 결국 상황 파악을 마친 '결정하는 나'는 말했다. "저도 자장면 먹겠습니다."

왜 그러는지 모르겠지만 왠지 끌리는 무엇이 있다. 어떤 사람이 사과를 좋아한다고 치자. 그 사람에게 "왜 사과를 좋아해?"라고 물으면 "몰라 그냥 좋아"라고 대답한다. 이유는 모르겠지만 마음은 알고 있다. 어떤 일이든, 어떤 분야이든 상관없다. 마음이 '호불호'를 알려준다. '이유'를 대답할 수 없는데, 아무튼 좋다.

근데 막상 마음대로 하려고 하면 주어진 상황과 환경을 고려할 수밖에 없다. 그래서 또 다른 마음이 작동한다. 자기의 마음을 '감독하고 통제'하는 마음이다. 하고 싶은 것과 해야 하는 것이 충돌한다. 이 두 가지 마음 중에 하나를 선택해야 한다. 어떤 마음을 먹을지 결정하는 것도 역시 '마음'이다. 내가 좋아하는지 아닌지 '마음'이 알려주면 해도 되는지 '마음'이 알려주고 최종적으로 '마음'이 선택한다. 그 다음은 '마음'의 선택대로 움직인다.

그런데 이 마음이라는 나침반이 고장 날 수 있다. 실제 나침반에 자석을 들이밀면 남북을 가리키던 방향키가 갑자기 자석 쪽으로 향한다. 나침반의 방향키는 자석을 들이대면 금세 방향을 잃는다. 마음도 그렇다. 외부의 영향이 미치면 고장 날 수 있다. 사람이 살다 보면 '마음대로' 결정할 수 없는 상황이 생긴다. 순간순간 내 마음대로 결정할 수 없는 상황을 자주 만난다. 그래서 상황에 맞게, 형편에 맞게 결정한다. 그런데 이런 상황이 오래 지속되면 마음의 나침반이 고장 날 수밖에 없다. 가난, 불행, 체면, 가정형편 등 환경이 허락하지 않는 시간이 길어지면 '마음대로 선택'하기 어렵기 때문이다. 점점 오래, 점점 많이 그런 결정을 하다 보면 뭐가 진짜 내 마음인지 헷갈린다. 마음이 마음대로 작동하지 못하기에 결국엔 고장 난다. 마음이 고장 났다는 신호가 "뭘 좋아하는지 잘 모르겠어요!"이다.

특별히 이런 사람들이 그렇다. 가정형편이 아주 가난해서 아주 어릴 때부터 닥치는 대로 일만 했던 사람, 부모님이 못 이룬 꿈을 아주 어릴 때부터 '자신의 꿈'으로 여기는 사람, 집에 가면 온 가족의 싸움소리가 늘 끊이지 않았던 사람, 눈치 보는 사람, 학대받고 자란 사람, 경제적으로 독립하지 못한 사람 등 어쩔 수 없이 하고 싶은 일을 참고 숨기고 살았던 사람은 어김없이 마음의 나침반이 고장 난다.

이들에게 좋아하는 게 뭐냐고 물으면 "좋아하는 음식은 이것이다"라고 대답한다. 그러나 그 좋아하는 음식마저도 평소에 먹던 몇 안 되는 메뉴이다. 그 오랜 시간 '좋아하는 것과 싫어하는 것'을 지켜낸 유일한 분야가 겨우 먹는 것이란 뜻이다. 우리 부모 세대는 대부분 그랬다. 너무 오랜 시간 방향키를 잃은 채 살았다. 좋아하는 음식 외에는 좋아하는 것이 무엇인지, 싫어하는 것이 무엇인지 생각해 볼 시간조차 없었다.

음악, 습관, 관심, 취미, 잘하는 것, 좋아하는 것, 등 이 모든 것은 지속적인 시간을 쏟아 부어야 더 분명해진다. 상황과 환경의 부담이 없어야 '하고 싶은 것'을 선택할 수 있다. 자유로운 선택을 해 봐야 하고 싶은 것을 선택한다. 여러 번 해 봐야 잘하게 되고 좋아하는 일이 무엇인지도 알게 된다. 역으로 좋아하는 줄 알고 해 봤는데 별로 맘에 들지 않고, 싫어하는 거라 제쳐 두었는데 해 보니 너무 잘 맞을 수 있다.

고기도 먹어 본 사람이 잘 먹는다고, 좋아하는 것에 좋아하는 시간을 쏟아 부어야 좋아하는 것이 더욱 분명해진다. 또한 좋아하면 잘하고 싶다. 잘하고 싶을 때 비로소 배운다. 그런데 오랜 시간 그런 것들을 따져볼 겨를 없이 '상황과 형편' 때문에 '해야 하는 일'에만 집중하느라 '하고 싶은 일이 무엇인지, 좋아하는 일이 무엇인지' 아예 잃어버린다. 제일 슬픈 것은 '공부'이다. 공부하느라 나를 잃어버린다. "뭘 해야 할지 모르겠습니다!" 이런 사람이 나를 잃어버린 사람이다.

대만민국에서 나침반을 지킨다는 것

대만에 살 때의 일이다. 집 앞 지하철역으로 가는 길이 지하터널이었다. 터널 속 인도는 두 사람이 겨우 지나갈 만큼 매우 좁았다. 출근길엔 늘 두 사람이 나란히 걷는데 터널 입구부터 출구까지 줄곧 내 앞을 막은 상태로 걸어갔다. 나는 그들을 앞지르고 싶었지만 그들은 완벽하게 내 앞을 막고 있었다. 그래서 그 순간 본능적인 소리를 냈다. "흠흠!" 그러나 아무 일도 일어나지 않았다. 과연 앞사람이 못 들었을까? 난 그날부터 그 길목에서 같은 실험을 했다. 그러나 그 후로도 "흠흠" 소리에 길을 터주는 일은 한 번도 일어나지 않았다.

대만에 살면서 비슷한 사건을 자주 경험했다. 식당에 가면 식탁의 위치에 따라 보이지 않는 등급이 있다. 출입구 쪽은 사람들이 자주 드나들고, 주방 쪽은 직원이 자주 드나드니 누구나 조용하고 구석진 자리를 선호한다. 그런데 대만 사람은 이상하게도 내 옆자리에 앉았다. 그 많은 빈자리를 두고 굳이 옆으로 온다. 언뜻 보면 일행인가 싶다. 우리 일행이 좀 불편한 느낌을 보내도 전혀 개의치 않는다. 심지어 바로 옆자리에서 큰 목소리로 전화를 한다. 조용한 카페에 드넓은 좌석 중에 굳이 옆자리에 앉아서 말이다. "흠흠" 목이 쉬어라 소리를 내도 아무 소용이 없다.

길을 안 비켜주는 대만인, 식당에서 굳이 내 옆에 앉는 대만인, 눈치를 주어도 옆자리에서 큰 목소리로 통화하는 대만인, 이 세 가지 사건의 공통점은 무엇일까. 이 이야기를 대만 사람에게는 아무리 설명해도 못 맞힌다. 이 글을 읽고 있는 한국 사람은 뭐가 문제인지 '눈치' 챘을 것이다.

우리는 한국 사람이다. 한국 사람은 한국 사람만의 특징이 있다. 우리나라 사람들은 서로 다 본다. '눈치'도 보고, '외모'도 보고, '상황'도 보고, 아무튼 서로 다 본다. 도서관에 가면 책 제목과 행색을 살피면서 생각한다. '얘는 부동산 중개사 공부하네, 얘는 공무원 준비하네, 고등학생이 만화책이나 보고 있네'. 지하철을 타면 '오, 구찌? 운동화 나이키? 오, 명품인데!' 옷이고, 신발이고, 시계이고, 가방이고 할 것 없이 안 보는 척하지만 다 본다. 아는 사람이라서, 친구라서 보는 게 아니다. 그냥 다 본다. 이것은 단순한 관찰이 아니다. 거의 사찰에 가깝다. 애인은 있는지, 결혼은 했는지, 자녀는 몇 인지, 직장은 어디인지, 연봉은 얼마인지 우리나라 사람들은 서로 다 보고, 다 듣고, 다 안다.

한국에서 앞에 두 사람이 걸어갈 때 뒤에서 "흠흠" 소리를 냈다고 치자. 그러면 백이면 백, 앞사람이 '미처 몰랐다'는 표정으로 길을 터 준다. 이 상황에 한국의 모든 문화가 들어 있다. 두 사람이 나란히 걷는데 하필 길목을 막은 형태이다. 이 상황이 뒷사람에게 피해를 준 건 맞지만, 고의적인 상황은 아니다. 그래서 뒷사람이 앞사람에게 '뒤에 사람이 있으니 실수하지 마시길 바랍니다' 하는 차원에서 자신의 상황을 귀띔해 준 것이다. 그런데 이런 뒷사람의 배려가 앞사람에게 전달되려면 앞사람이 반드시 눈치가 있어야 한다. 그래야 그 작은 소리도 재빠르게 알아차릴 수 있다. 그저 "흠흠" 소리에 수십 개의 생각이 양쪽에서 오가고 행동으로 옮긴다. 이게 너무나 한국적이다.

예의 바르게 살기 위해 우리 선조들은 '눈치'를 가르쳐 주었다. 만약 대학에 떨어져 재수, 삼수하는 사람 앞에서 "와, 요즘처럼 대학시험이 쉬울 때가 있나?"라고 하면 누군가가 재빨리 말리며 나긋나긋하게 말해야 한다. "야, 그런 말 하면 안 되지." 그와 동시에 고갯짓으로 다른 친구를 가리키며 더 얘기하지 말라고 눈치도 줘야 한다. 근데 발신자가 눈치를 챙겨줘도 수신자가 눈치가 없으면 일이 좀 커진다. "아! 왜? 없는 말 한 것도 아닌데….'

우리나라에서 예의 바른 사람이 되려면 눈치가 필수이다. 다른 사람에게 민감해야 한다. 모르면 눈치라도 있어야 한다. 어떤 사정이고, 어떤 상황인지 미리 알아둬서 '도와주세요. 이해해 주세요!'라는 말을 하기 전에 미리 돕는 수준의 나라를 만들어 보고자 했다. 그래서 우리나라에서는 '눈치 없다'는 말은 '다른 사람에게 관심이 없다'는 말이며, 그와 동시에 '예의가 없는 사람'이라는 뜻이다.

눈치 없다는 소리를 듣지 않으려면 사전에 상대방의 사정을 알아두어야 한다. 눈치상 이상하다 싶으면 말을 아껴야 하고, 따로 자리를 마련해 물어야 한다. '그 사람 무슨 일 있냐고?' 만약 상황 파악이 되질 않는다 싶으면 일단 어떤 말이나 행동을 하지 않는 게 제일 안전하다. 결국 예의 바른 사람이 되려면 다른 사람의 눈치를 살펴야 한다.

체면은 끊임없이 거짓말을 만든다.

그런데 '이런 건 좀 몰라도 되는데…' 싶을 때가 문제이다. 초등학생 시절 학교에서 수집하는 '가정환경조사'라는 설문지가 있었다. 거기에는 부모 이름과 학력, 학생의 장래희망과 취미를 써야 했다. 다른 칸은 다 적었는데 이상하게도 장래희망을 적지는 못했다. 고민 끝에 아버지 직업인 '새시기술자'라고 적었다. 그러나 그걸 보신 어머니는 지우개로 내 꿈을 지우셨다. 30년이 지난 지금도 지우개로 내 꿈이 지워지는 그 순간이 슬로비디오처럼 기억이 난다. 그리고 어머니는 두 글자를 덧쓰셨다. '판! 사!'

누구나 잠시 쉬어가는 시간이 필요하다. '재수한다, 휴학한다, 방황한다, 실패했다.' 사람이라면 누구나 이런 시간이 필요하다. 나를 찾기 위해서 말이다. 일단은 좀 달려 왔고 미뤄 왔지만 이제는 나만의 선택을 하고 싶다. 회복의 시간이 필요하다. 그럴 땐 사람들에게서 떨어져 개인 시간을 좀 가져야 한다. 또 사람이라면 누구나 남들과 다른 결정을 해야 할 때도 있고, 지금은 당장 설명하기 어려운 일도 발생한다.

그러면 이 시간을 남들에게 어떻게 알려야 좀 괜찮을까. '재수한다. 휴학한다. 방황한다. 재기 중이다. 시간을 갖는다. 다른 일을 한다. 고민 중이다.' 이처럼 없어 보이는 시간을 어떻게 하면 좀 있어 보이게 할 수 있을까? 솔직하게 말하면 안 될까? 그랬다가 주변 사람들이 진짜로 무시하면 어떻게 될까. 나만을 위한 시간을 만들기도 전에 그 시간을 뭐라고 이름 지을까 고민하는 게 더 고민이다. 그냥 없던 일로 하고 계속 달려가는 게 나을 수 있다.

체면은 끊임없이 거짓말을 만든다. 진실을 말하고 싶지만, 눈치의 압박 때문에 어쩔 수 없다. 체면은 지독하게 사람을 협박한다. 없어 보이면 안 된다. 차라리 거짓말이 낫다. 내 마음을 속이는 게 훨씬 편하다. 별거 아닌 줄 알았는데 별것이다. 결국 그냥 쉬지 말고, 휴학하지 말고, 방황하지 않는다.

'한국 사람들은 "흠흠" 소리만 내도 비켜주는데, 너희들은 왜 그러니? 왜 안 비켜주니?' 대만 친구들에게 물었다. 그들의 대답은 한결같았다. "지나가고 싶으면 '지나갈게요'라고 말해 봐. 그러면 비켜주지 않는 대만 사람은 없을 거야." 그들은 이 상황에서 이상한 사람은 나라고 했다. "지나간다고 말해라. 비켜 달라고 말해라. 조용히 해 달라고 말해라." 그러고 보니 한 번도 그들에게 내 마음을 말로 표현한 적이 없었다. 그저 내 마음이 불편한 것을 간접적으로 드러내 눈치 좀 보라고 알려줬을 뿐이다.

눈치 봐야 하는 나라에서 나 혼자 눈치 보지 않고 산다는 것은 쉬운 일이 아니다. 한국에서 본토 원주민으로 살아온 우리는 그렇게 하기가 어렵다. 직접 말하기는 좀 어려워 말을 돌려야 한다. 체면을 택하려면 거짓말도 적당히 해야 한다. 말하기가 껄끄러워 아무 일도 없는 척했더니 말이 돈다. 그래서 마음과 다른 말을 자주 하니 뭐를 좋아하는지 잃어버린다. 이것저것 눈치보다 나침반이 고장 난다. 결국 나를 잃어버린다. 나도 나를 잘 모르겠다.

눈치 보지 않을 용기, 나를 따라가면 된다.

우리나라는 '공동체'를 중요시한다. 대대로 국난에 힘을 합치기가 특화된 민족이다. 그래서 우리나라 문화는 '나'보다는 '다른 사람' 중심으로 생각한다. 이렇게 타인 중심의 삶을 '이타적'이라고 한다. 타인에게 이롭다는 뜻이다. 그럼 그 반대말은 무엇일까? '이기적'이다. 본능적으로 이 말 뜻에 부정적인 감정이 느껴진다. 우리나라에선 자기만 생각하는 철없는 결정이라고 나무랄 때 사용한다. 우리나라 사람은 '개인 중심'적인 것을 부정적으로 생각한다. 그런데 이 말의 본래 뜻은 우리나라에서 사용하는 것과 다르다. 이로울 이(利), 몸 기(己), 내 몸에 이로운 것을 택한다는 뜻이다.

한국에서 자란 사람들에게 "너 꿈이 뭐니?"라는 질문은 진짜 너무 어려운 질문이다. 꿈을 이야기하려면 기본적으로 "나는"으로 시작해야 한다. 다른 누구의 꿈이 아닌 바로 내 꿈이다. 내 꿈이니 내 마음을 표현해야 한다. '남'에게 좋은 것 말고 '나'에게 좋은 것 말이다. 그렇지만 우리나라에선 그 한마디를 내뱉기까지 참 많은 눈치를 봐야 한다. "이걸 꿈이라고 말해도 되나? 이걸 말했다가 뭐라고 할까? 꿈이라고 말했다가는 비웃겠지?" 그렇게 눈치도 챙기고 체면도 챙겨야 하니 좀 이상하게 결론이 난다. 재수라도 해서 그렇게 싫어하는 과에 억지로 합격해 놓는다. 바늘구멍인지 알면서도 공무원 시험 준비한다고 알려지는 게 낫다. 부모 체면부터 생각해야 한다. 다른 사람에게 어떻게 보일지 제일 먼저 따져보게 된다.

사실대로 자기가 하고 싶은 것을 말하면 '이기적'이라고 반응한다.

남들과 좀 다른 일을 하려면 '알아서 하라'며 겁준다. 내 꿈을 말하면 '너만 생각한다'라며 나무란다. 그러면서 은근슬쩍 남들은 이렇게 하는데 너는 왜 그 모양이냐고 겁박도 준다. 내 꿈 하나 생각하는 데도 눈치 봐야 할 것이 너무 많다. 꿈이 있지만 꿈을 꾸는 우리는 꿈이 있다고 말하기가 참 힘들다.

친구들이 모두 '취업'을 준비할 때 진짜 속 얘기를 했다가는 '철없다'는 뭇매를 맞을지도 모른다. 어쩌면 진짜 꿈을 얘기했다가 왕따가 될지도 모른다. 무리 지어 사는 사람이라는 '동물'도 나와 너무 다르면 도리어 따돌린다. 그래서 두려운 법이다. 아웃사이더이고 싶지 않고, 이기적이고 싶지 않은 한국인의 기본적인 바람과 정면으로 부딪힌다. 그래서 우리나라에서 꿈을 꾸면 사회성 없는 사람이 된다. 동방예의지국 대한민국은 사회성이 굉장히 높은 나라이다. 내 꿈이 다른 사람들과 다르다는 게 드러나면 이 사회성 높은 나라가 내 꿈을 받아들이기를 참 어려워한다.

그래서 결론이 좀 이상하게 난다. 우리나라에서는 사회성이 좀 떨어지는 게 꿈을 이루기에 유리하다. 역설적이지만 정말이다. 사람이란 본래 서로 다르다. 당연히 서로의 꿈도 다르다. 다른 게 마땅하다. 그렇지만 우리나라에서는 '왕따'가 될 마음으로 용기를 가져야 한다. '이게 꿈이라고 말하면 다른 사람들은 뭐라고 생각할까? 사람들이 나를 어떻게 볼까?' 이렇게 질문하면 질문할수록 나를 찾기는 어렵다.

생각의 기준을 바꿔야 한다. 이타적인 생각에서 이기적인 방향으로 말이다. 남들이 볼 때 좋은 것 말고 나에게 정말 좋은 것을 찾아야 한다. '나에게 진짜 이로운 것은 무엇일까? 나에게 정말 좋은 선택은 무엇일까? 그렇게 하면 나는 진짜 행복할까?' 이렇게 묻는 게 나에게 이롭다.

택배기사 4년 동안 나는 평범한 삶을 사는 데 충분한 '돈'을 벌었다. 2020년 통계에 비춰 보니 대한민국 40대 평균 수준이다. 기초생활수급자였던 나는 이제 더 바랄 게 없다. 열등감에 세상을 등졌던 나는 어인 일인지 블로그에 내 이야기를 적었다. 글은 이렇게 시작한다. "이제 나이 마흔, 더는 도망가고 싶지 않고, 더는 제가 진심으로 하고 싶은 일을 미루고 싶지 않았습니다. 뭔가 해 보려고 하니 '네가 뭔데?'라는 마음이 저 스스로에게도 피어 올랐습니다. 저는 제가 걸어온 길이 누군가에게 도움이 되길 원합니다."

나는 내가 걸어온 길이 누군가에게 도움이 되길 바란다. 이 글을 쓴 지 딱 1년 후 나는 먹고살 대책이 없는데도 불구하고 택배를 그만두었다. 대리점 사장은 앞으로 "뭘로 먹고살 거냐?"라고 물었다. 7년 전 교회를 그만둘 때처럼 또 한 번 마음이 시키는 말을 했다. "글 쓰려고요. 작가가 되고 싶습니다." 가만히 듣고 있던 대표가 말했다. "실패하면 언제라도 돌아와라. 그런데 할 수만 있다면 돌아오지 마라."

두렵다. 마음이 시키는 일을 한다고 두려움을 느끼지 않는다면 거짓말이다. 그러나 돌이켜 보면 살기 위해 내 마음을 속이고 살았던 시간이 제일 후회된다. 나는 농구선수도 아니고, 목사도 아니고, 사진작가도 아니고, 이제 더는 택배기사도 아니다. 그렇지만 두렵다고 계속 가짜로 살고 싶지는 않다. 제일 두려운 것은 후회하는 삶을 살고 난 뒤 미련이 남을 때이다. 시간은 돌이킬 수 없기 때문이다. 더는 가짜로 살고 싶지 않다. 두렵지만 내 마음을 따라갈 작정이다.

마음은 인생의 소중한 나침반이다. 마음을 잘 가꾸어야 한다. 마음의 목소리에 귀를 기울여야 한다. 내가 무엇을 정말로 좋아하는지, 내가 무엇을 원하는지, 매순간 알아차려야 한다. 한두 번 그 목소리를 무시한다면 어느 새 나를 잃어버린다. 나답게 산다는 것은 내가 좋아하는 것에 내 시간을 쏟아 붓는 것이다. 그렇지 않으면 따져볼 겨를도 없이 옆 사람이 하는 것을 따라 하게 된다. 자기 마음을 실험해 보고 마음이 시키는 일을 꾸준히 해 보라. 자기 마음에게 물어보라. 그리고 진심으로 답해 보라. 거기에 답이 있다. 나를 따라가면 된다. 마음의 나침반이 가야 할 길을 알려줄 것이다.

마음 1. 마음을 지키라. 마음이 생명이다.

교회에서 일할 때 가장 어렵게 느낀 분야가 있다. '전도'이다. 전도가 제일 어려웠다. 전도가 왜 어려웠을까. 진정한 의미에서 전도는 진심으로 상대를 감동시켜야 하기 때문에 매우 어렵다. 사람이 '감동'을 받아 스스로 '변화'한다는 것은 매우 어려운 일이다. 예수님처럼 '십자가'에 못 박혀 죽을 정도의 감동을 주어야 하는데 전혀 모르는 사람에게 그런 감동을 주는 일은 여간 어려운 일이 아니다.

그런데 그에 비하면 이상하게 이단 사이비는 전도를 잘한다. 실적이 좋다. 이들은 폭발적으로 성장하는 데 어떤 때는 신기하기도 하다. 나는 한동안 이게 의문이었다. '이단'은 전도를 기가 막히게 잘하는데 어째서 '교회'는 전도를 잘 못 할까? 전도가 어렵다는 핑계를 대자니 구차하고, 그렇다고 무작정 이단 사이비를 탓하는 것도 시원치 않다. 이렇게 어려운 일을 왜 이단은 쉽게 잘하느냐 말이다.

교회를 그만둔 지 7년이나 됐는데 나는 이 점이 참 못마땅했다. 어째서 이단은 전도를 잘하는가? 답은 의외의 곳에서 찾았다. '마케팅!' 답은 마케팅에 있었다. 마케팅은 참 거대한 학문이다. 마케팅을 공부하다 나는 교회가 왜 전도를 못하는지, 반대로 이단은 왜 전도를 잘하는지 깨닫게 되었다. 그리고 이것은 내 인생에 커다란 깨달음을 주었다. "무릇 지킬 만한 것들 중에 마음을 지키라. 생명의 근원이 이에서 남이니라."[11] 진짜 지켜야 할 것은 내 마음이다. 마음을 빼앗기면 '생명'까지 빼앗긴다. 내 마음을 뺏기 위해 '마케팅'이 어떻게 다가오는지 주목해 보자.

---

11) 잠언 4:23

마케팅은 상대방을 '설득'하는 데 필요한 모든 학문의 통칭이다. 앞서 5장 '실행'에서 마케팅을 논하는 사람은 크게 두 부류로 나뉜다고 했다. '1회성 판매자'와 '지속 판매자'이다. 1회성 판매자는 설득을 잘하려면 주로 '당장 손님의 이목을 끄는 것'을 잘해야 한다고 강조한다. 반대로 지속 판매자는 '진정성'을 강조한다. 둘 다 하나의 방식일 뿐이니 뭐가 더 좋다고 할 수는 없다.

예를 들어보자. 라면가게를 방문했는데 두 사장이 라면을 끓여 주었다고 하자. 한 사장은 24시간 정성으로 우려낸 사골 국물에 라면을 끓여 오래된 그릇에 담아 주었다. 정말 '진정성' 있게 끓였는데 겉보기에 후줄근하다. 반대로 또 한 사람은 라면 설명서대로 끓인 뒤 새 그릇에 담아 주었다. 그릇이 마침 새 그릇이지, 손님을 위해 준비한 그릇은 아니다. 진정성은 없는데 보기 좋게 끓였다. 그렇다면 손님은 어느 주인에게 호감을 느낄까? 딱히 어느 쪽이라고 말하기가 어렵다. '진정성'도 중요하지만 '눈에 보이는 것'도 중요하기 때문이다.

다만 이단 사이비는 '1회성 판매자'의 나쁜 점만 쏙쏙 뽑아서 적용한 '전도'를 하는 게 문제이다. '진정성' 없이 진정성 있어 보이는 행동만 해도 효과가 있기 때문이다. 반대로 '교회'는 지속 판매자의 부족한 면이 드러난다. '진정성'은 있지만 '보이는 것'에 크게 개의치 않는 것 말이다. 사람은 진정성이 없어도 '친절하게 말하고, 상냥하게 대하면' 호감을 느낀다는 것이 문제이다. 화려한 간판과 거짓말로 가득한 마케팅에도 사람의 마음은 움직인다. 그만큼 '눈에 보이는 것'은 큰 힘이 있다.

그래서 이런 방법에 극단적인 전문가들은 강조한다. '진정성 같은 건 집어치워라. 수단과 방법을 가리지 말고 이목을 끌어라! 우선 엮어라! 엮이면 설득된다." 넓은 의미에서 마케팅에는 사람의 심리를 '조종'하는 것도 포함하고 상대를 속여서 설득하는 '피싱'도 포함된다. 사람을 조종하고 유혹하는 것도 일종의 마케팅 '기술'로 가르친다. 무료 시식, 무료 점검, 무료 상담, 이걸 마다할 사람이 누가 있을까! 이상한 제목의 동영상을 보면 '클릭'하고 싶고, 왠지 상냥한 사람은 믿음직스럽게 느껴진다. 보기 좋으면 먹기 좋아 보이고, 가짜뉴스는 진짜뉴스보다 훨씬 더 빨리 퍼진다. 외로운 사람에겐 친구처럼 다가오면 은인이 되고, 슬픈 사람에겐 함께 울어준 사람이 동료가 된다. 마케팅은 '진정성' 없이도 '진정성 있어 보이는 행동'을 할 수 있다고 가르친다. 당연히 효과가 있다.

사회생활을 하다 보면 이단 사이비뿐만 아니라 수많은 사람이 이런 식으로 나를 '설득'하러 다가온다. '물건'을 팔려고, '동의'를 얻으려고, '자기 편'을 만들려고, 아무튼 '설득'이 필요한 사람들이 갑자기 다가온다. 그중에서 제일 무서운 사람은 '일단 엮는 사람'이다. 어떻게든 엮어서 '함께 시간'을 보내는 사람, 의도를 알 수 없이 급격히 친해진 사람, 이게 참 역설적이다. '돈' 냄새를 맡은 괴물이 가장 '진정성 있어 보이는 행동'을 한다. 이 사람들은 다짜고짜 마음속 깊이 가지고 있는 '고민'에 재빨리 다가간다. '마음'을 뺏으면 다 뺏을 수 있기 때문이다.

택배를 시작할 때 가장 마음 아팠던 일이 취업 사기였다. 택배트럭을 팔면서 수수료를 차 값에 떠넘기는 방식으로 취업사무소가 운영된다. 내가 이 일을 시작할 때 "제발 돌려놔 주세요!"라는 유서를 남기고 삶을 마감한 20대 여성이 있었다. 취업사무소에 속아 필요하지도 않은 냉동트럭을 결제한 뒤였다. 소개소의 친절한 목소리에 나도 그 멀리까지 찾아갈 뻔했다. 무서운 것은 이들은 꼭 이런 사람만 골라서 상대한다.

돈이 아쉬운 상황이니 친구도 제대로 못 만나고, 어디 물어볼 데도 없고, 그러니 제 발로 찾아 갔을 것이다. 더구나 돈이 아쉬울 땐 주변의 '진정성 있는 이야기'가 곧이곧대로 들리지 않는다. 반대로 취업사무소는 세상 친절하게 진정성이 넘친다. 지금 이 상태가 마음을 빼앗기기 딱 좋은 상태이다. 돈에 궁하면 궁할수록, 돈에 대한 욕심이 크면 클수록, 돈이 필요할수록 돈으로 유혹하는 사람들 앞에서 떳떳할 수 없다. 결국 마음을 지키지 못하면 생명까지 뺏긴다.

진짜 믿을 만한 사람은 오히려 겉으론 진정성 없어 보이는 사람이다. 진정성 있는 사람은 진정성 있어 보이는 행동을 할 필요가 없기 때문이다. 항상 곁에 있는 가족과 언제든 내 이야기를 꺼낼 수 있는 오래된 지인 말이다. 이들은 내 마음을 시원하게 해 주는 '기술'도 부족하고, 무릎을 칠 만한 도움을 주는 것도 아니지만 그저 내 편인 사람이다. 자기가 스스로 변하고 성장할 때까지 끝까지 곁을 지켜준 사람이 제일 믿을 만하다. 나 역시 내 마음을 지킬 수 있었던 것은 내 아내와 아들 둘 덕분이다.

마음 2. 설득해야 할 대상은 오직 나 자신이다(진정성).

해외에서 사업을 크게 하는 멘토 친구가 있다. 배울 게 많고 통찰력이 있는 친구이다. 특별히 승부욕이 강한 성격이라 더 듣고 싶은 말이 있을 때는 일부러 딴지를 건다. 그러면 불같이 화를 내는데 그때마다 이 친구의 진심을 알게 될 때가 많았다. 그리고 그 말이 싫지 않았다.

한 번은 이 친구가 '직원들'이 열심히 안 해서 사업이 힘들다는 하소연을 했다. 잘 들어주면 되는 것을 그날도 어김없이 시비를 걸었다. "아니, 그건 사장 마음이지. 직원이 어떻게 사장처럼 해?" 또 눈동자가 이만하게 커졌다. 친구는 불같이 화를 내며 말했다. "사장이냐, 직원이냐가 아니야! 아니, 일할 때 다들 '내가 이거 할 사람이 아닌데' 이러고 일을 한다니까!" 나는 가만있지 못하고 또 되물었다. "그래? 그럼 어떻게 하라는 거야? 사장이 너무 까다로운 것 같은데…." 그러자 속사포가 터졌다. "뭘, 이거 할 사람이 아니야. 그거 하려고 여기 온 건데! 그거 할 사람이야. 다른 생각 말고 지금 주어진 그거. 그거부터 열심히 해야지. 아무 진정성 없이 몸만 와 있어. 나 이거 할 사람이 아닌데 해 주고 있는 거다! 다들 이러고 있다니까!" 얼마나 불같이 화를 냈던지 그다음에 무슨 대화를 했는지 기억이 잘 나질 않는다.

사실 난 이 말을 깨닫는데 그 후로 3년이 걸렸다. 나도 그런 사람이었다. '내가 이거 할 사람이 아닌데….' 그런데 이 생각이 중독이다. 이거야말로 인생의 고통을 피하는 만능특효약이다. 인생은 고통의 연속이지 않은가. 그렇지만 이 생각이면 인생의 모든 고통을 단번에 이길 수 있다. 나는 이 주문이 나만 가진 특별한 비법이라고 생각했다. 어릴 때 아버지 사업이 잘못되었을 때도, 사춘기 때 전학을 해서 친구가 없을 때도, 군대에서도 나는 마법의 주문을 외웠다. "내가 이거 할 사람이 아닌데…."

인생을 살다 보면 커다란 벽을 만난다. 아주 커다란 벽이라 끄떡하지도 않을 만큼 커다랗다. 그런데 그렇다고 그 벽이 사방으로 둘러싸인 것도 아니다. 옆으로 돌아가거나 힘껏 뛰면 충분히 넘어갈 수 있다. 하지만 인생은 실전이다. 삶에서 벽을 다루는 법은 그리 간단치 않다. 인생에서 커다란 벽을 만나면 그 고통이 너무 커서 다리가 풀려 버린다. 그대로 벽 앞에 주저앉는다. 끙끙 앓는다. 그리고 그 벽 앞에서 끝없이 주문을 외운다. '이 벽만 아니었으면…이 벽만 아니었어도….' 이 마법의 주문을 외우면 벽이 없는 인생을 상상할 수 있다. 그래서 중독이다. 그렇지만 벽은 계속 거기 있고 앞으로도 거기 그대로 있다. 벽은 사라지지 않는다. 다 안다. 다 알지만 그럼에도 불구하고 '이 벽만 아니었으면…' 하고 주문을 외운다. 이게 '고통'을 피하는 가장 쉬운 방법이기 때문이다.

나 역시 택배기사가 된 첫해에는 고객센터에서 최고로 많은 '벌점'이 등록되는 기사였다. 말 그대로 고객과 싸우는 기사였다. 사실 고객이 나에게 특별히 잘못한 게 없다. 나에게 연락하는 이유는 한 가지이지 않은가. 당신의 소중한 택배가 언제 도착하는지 궁금해서 내게 연락한 것밖에는 없다. 그러나 나는 나에게 연락하는 모든 고객과 싸웠다. 나를 무시하는 것 같고, 나에게 함부로 하는 것 같았다. 고객이 접수한 불평 때문에 회사에서 꾸중을 들으면 '내가 이거 할 사람이 아닌데…' 정말 이 생각밖에 없었다.

그런데 어느덧 '마흔'이 다가왔다. 이제 더는 시간에게 기다려 달라고 할 수 없는 나이가 되었다. '내가 이거 할 사람이 아닌데…'라는 생각에 의문이 들었다. '그럼 나는 뭘 해야 할 사람인가?' 이때가 돼서야 나는 친구의 말이 불현듯 떠올랐다. "뭘, 이거 할 사람이 아니야! 그거 하려고 여기 온 건데!" 인생의 '막다른 골목'에 다다랐다. 더 도망갈 수도, 피할 수도 없자 비로소 인생의 벽을 넘을 생각을 하게 되었다. 잘못된 직업을 만난 게 아니었다. 잘못된 마음으로 임하고 있었다. 그제야 '여기서 최선을 다해야겠다'는 생각이 들었다.

인생이 고통이고 고통이 인생이다. 인생과 고통이 같은 말이어서 문제이다. 즉, '고통'을 피하면 '인생'도 피한다. '내가 이거 할 사람이 아닌데…' 하고 살면 '고통'은 피할 수 있지만 '인생'도 같이 피한다. 운동선수를 생각해 보자. 울퉁불퉁한 근육을 얻기 위해 '고통스러운 운동'을 해야 한다. 문제는 '고통'은 싫고 '근육'은 갖고 싶을 때이다. '고통' 없이 '인생'이 없는데 '고통' 없이 '근육'을 가질 수는 없을까. 가능하다. 고통을 피하는 약물을 먹으면 된다. '스테로이드'를 먹으면 고통 없이 '근육'을 만들 수 있다. 단, 꾸준히 먹어야 한다.

'내가 이거 할 사람이 아닌데…'라고 주문을 외우면 마치 '약물'을 투여하듯 잠깐 행복해진다. 신기한 것은 스테로이드라는 약물은 '고통'을 못 느끼게 하는 게 아니라 도리어 '행복'을 느끼게 해 주는 효과가 있다. 현실을 부정하고 약물을 투여하면 '행복'을 느낄 수 있다. 가짜 행복으로도 진짜 근육을 얻을 수 있다. '고통' 없이 '인생'만 누리고 싶다면 계속해서 '내가 이거 할 사람이 아닌데…'라고 현실을 부정하고 약물을 투여해서 가짜 '행복'을 추구하면 된다. 단, 그런 인생은 가짜이다. 아무리 근육이 커지고 인생이 화려해 보여도 결국 가짜이다. '성공한 가짜, 화려한 가짜'야말로 가장 불행한 인생이다.

그러나 진짜는 행복하기 위해 기꺼이 고통을 당한다. 아니 행복하니까 할 수 있다. 즉, 인생의 최종 목적지가 있으면 사람은 기꺼이 고통을 당한다. 사랑하는 사람만 희생할 수 있다. 사랑하기에 기꺼이 희생한다. 버텨라. 버티는 게 답이다? 아니다. 버티려면 이유가 있어야 한다. 무엇 때문에 버티는가! 이유가 없다면 인생이라는 고통을 버티기 힘들다. 가짜는 고통을 피하기 위해 행복한 척하고, 진짜는 '행복'하기 위해 기꺼이 '고통'을 당한다.

프로격투기 선수 정찬성 씨가 2013년과 2022년 UFC 세계챔피언에 두 번 도전했다. 그런데 두 번 다 실패했다. 얼굴에 피 범벅이 된 선수가 판정 직전 인터뷰에서 이렇게 말했다. "더는 챔피언이 될 수 없다고 느꼈습니다." 어쩌면 '노력'이라는 것은 넘지 못할 재능을 상대로 무모한 도전을 하는 것 같기도 하다. 최선을 다해도 이룰 수 없는 그 무엇이 분명히 존재한다. 현실은 그토록 무섭고 잔인하다. 한평생을 바쳐 갈고 닦은 길에서 2인자가 될 수도 있다. 이게 얼마나 고통스러울지 모른다. 그러나 그가 '진짜'라는 건 누구나 안다.

진정으로 해 본 사람만 '안 된다!'라고 말할 자격이 있다. "내 인생은 안 된다!"라는 말을 하려면 먼저 할 수 있는 모든 걸 해 봐야 한다. 그러려면 제일 먼저 자신부터 설득해야 한다. 두들겨 맞을지언정 도망가지 말아야 한다. 목표를 설정했으면 비겁하게 항로를 바꾸지 않아야 한다. 마지막을 받아들일 용기로 당당하게 걸어가야 한다. 최소한 자기의 마음 앞에서 진실해야 한다. 진실로 설득해야 할 것은 오직 나 자신뿐이다.

마음 3. '돈(욕심)'을 위해 일하지 말라. '인생(가치)'을 위해 일하라.

인생에서 가장 소중한 것은 무엇일까? 나는 이 책을 통해 일관되게 말하고 있다. 인생! 가장 소중한 건 인생이다. 그렇지만 그래도 하나를 더 꼽으라면 역시 '돈'이다. 돈이 중요하지 않다고 하기는 힘들다. 돈은 인생에서 가장 소중한 것 중 하나이다. 하지만 '돈'이 아무리 소중해도 '돈'이 인생보다 소중할 순 없다. 그래서 성경은 돈을 사랑하는 것이 모든 악의 뿌리라고 했고, 로버트 기요사키의 ≪부자 아빠 가난한 아빠≫에서도 부자들은 '돈'을 위해 일하지 않는다고 했다.

그렇지만 돈을 사랑하지 말고, 돈을 위해서 일 하지도 말라니, 그러면 도대체 무엇을 위해서 일해야 할까? 이건 돈이 필요하지 않은 사람들의 말이란 생각이 저절로 든다. 이 말로는 '돈'을 미워하고 사는 것밖에는 도통 대안이 떠오르지 않는다. 나 역시 "돈을 위해 일하지 말라"는 말은 좀처럼 해석이 안 됐다. 받아들이기가 너무 힘들었다. '돈'이 없는데도 과연 저렇게 말할 수 있을까? '보상' 없이도 일을 할 수 있다는 것인데, 그게 과연 가능할까. 일을 더 열심히 한다고 '보상'이 많아지는 게 아니라면 일을 더 열심히 할 이유가 없지 않겠는가. 더구나 직장을 다니며 고정적인 월수입을 받는 사람에게 '돈'을 위해 일하지 말라는 말은 정말 힘겨운 도전이다. 회사는 더 일 하는 사람을 착취하기도 한다. 당장 더 많은 '보상'을 받지 못하는데 '가치'를 위해 일하라는 말이 비현실적인 말로 들린다. 그러나 사진 작업실을 실패하고 나서야 이 말을 절실히 깨달았다. 결론부터 말하면 '일하는 목적을 바꾸라'는 말이다. '돈'보다 소중한 '인생'을 위해 일하라고 말이다.

나는 사진작가일 때 '돈'을 위해 일하는 사람이었다. 그래서 늘 '돈' 중심으로 생각했다. 실제로 난 '무엇을 팔 것인가'를 고민했다. '내가 하는 일로 어떤 가치를 줄 수 있을까'보다는 '무엇을 얻을 수 있을까'부터 생각했다. 그렇게 하면 당연히 상대의 마음과 생각에서 멀어진다. 솔직히 그땐 그런 사람이었다. 고객이 무엇을 원하는가보다는 내가 원하는 걸 고객에게 요구했다. 또한 싸다는 데 큰 의미를 부여했다. 하지만 싸다는 것은 그만큼 '가치가 없다'는 뜻이다. 명심해야 한다. 싸다는 것은 그만한 이유가 있다. '싸고 좋은 것'이란 없다. 하지만 난 덜 일하고 싸게 파는 것을 추구했다. 지하실에 작업실을 차린 이유도 '싸다'는 것 때문이었다. 결국 '싸다'는 데 집중했던 대가를 절절히 치렀다.

돈을 위해 일하면 '가치'를 보지 못하는 장님이 된다. 가치를 보지 못하는 장님이 되면 성장도, 변화도 일어나지 않는다. 그래서 '돈'을 위해 일하는 사람은 '시간'(인생)을 팔아 '돈'을 버는 데 쓰고, '시간'(인생)을 위해 일하는 사람은 시간(인생)을 버는 데 '돈'을 쓴다. 무엇을 위해 일하는가에 따라 가치관과 시야가 완전히 달라진다.

예를 들어 보자. 나는 얼마 전에 새 가전제품을 샀다. 혼수 이후로 8년 만에 장만했다. 교체주기가 조금 빨랐지만 그래도 새 제품을 구매했다. 나로서는 큰 결정이었다. 따라서 집안일은 평균 1시간 정도 줄어들었고, 가족과 보내는 시간은 그만큼 늘어났다. 일하는 '시간'을 아끼고 소중한 사람들에게 쓸 '시간'을 확보하기 위해 '돈'을 쓴 것이다. 그런데 이 이야기를 '돈'을 위해 일하는 사람들에게 하면 어떻게 될까? 대답은 한결같다. "그 '돈'이면 ○○가 얼만데!" 나름의 방식으로 '돈'을 환산한다. 초점이 확 달라지는 걸 느낄 것이다. 나는 '시간, 추억, 가족'이라는 '가치'를 말하고 있지만 돈이 중요한 사람에게는 '시간'을 '돈'으로 환산한다. '시간'당 얼마를 벌 수 있을까가 더 중요하기 때문이다.

돈을 위해서 일하면 자연스럽게 시간당 급여를 많이 주는 일을 찾는다. 돈이 소중한 사람은 소중한 '시간'을 팔아서 '돈'을 번다. "일을 조금 밖에 안 했는데 많이 받았어!"라고 자랑한다. 시간을 때우는 데 죄책감이 없다. '돈'을 더 주지 않으면 일하지 않는다. '돈'을 받기 위해 일하는 사람은 '성장'하지 못하고 '변화'하지 못한다. 돈 받는 것보다 일을 더 시키려는 부자들의 음모를 대변하는 게 아니다. 돈을 위해 일하면 정말로 '가치'에는 장님이 되는 것을 말하려는 거다. 따라서 '돈'을 사랑하고 돈을 위해 일하면 누군가는 당신의 시간을 '돈'으로 살 것이다.

처음엔 누구나 '돈'을 위해 일한다. 돈 벌기 위해 일하는 건 건강한 생각이다. 그러나 그 일에서 인생을 되찾아 와야 한다. '돈'에 속지 말고 정말 소중한 가치를 발견해야 한다.

> **〈가치를 위해 일하는 사람이 되는 방법〉**
>
> • 첫째, 하루 중 노동에 사용 시간을 최소로 줄일 것
>   → 생산성을 증대하여 시간을 확보하라.
> • 둘째, '돈'을 버는 건 '시간'을 벌기 위해서이다.
> → 돈을 써서 '시간'을 벌라(지식, 책, 시스템, 도구, 가치)
> • 셋째, 확보된 시간은 나 자신을 위해 쓰라
>   → 가치 있는 실력을 갖추라.

돈과 관련된 지혜의 말을 살펴보자. "돈은 마음에서 나온다!", "돈은 담백하게 봐야 한다!", "돈은 탁월함의 증표이다!", "돈은 흐를 뿐이다!", "돈은 느리게 버는 것이다!" 이 5가지 말에서 무엇이 눈에 들어오는가? '돈'을 위해 일하는 사람은 여전히 '돈'이라는 단어만 보일 것이다. 방금 보지 못한 단어를 나열한다. '마음', '담백함', '탁월함', '흐름', '느림', 중요한 건 이 같은 '가치'이다. 이런 '가치'에 눈을 떠야 한다. 가치를 추구하면 인생이 가치 있게 변한다.

'돈'을 위해 일하지 말라는 말을 정리한다. ① 가치 장님이 되지 말라. ② 가치를 추구하면 인생은 성장하고 변화한다. 정말로 '돈'을 더 벌려는 사람은 '인생'을 위해 일한다. 더 나은 가치를 추구하고, 더 나은 인생이 되기를 노력한다. 인생과 가치를 추구하면 '성장'하고 '변화'할 수밖에 없기 때문이다. 따라서 '지금 가치 있는 행동은 무엇인가? 고객이 무엇을 원하는가? 그래서 나는 무엇을 해 줄 수 있을까?' 이런 식의 고민을 해야 한다. 사고의 전환이 이루어지면 관점이 변하고 가슴이 뛰기 시작한다. 비로소 고객의 관점이 보인다. 그러면 그들의 마음이 읽히고 무엇을 더 해 줄 수 있는지 스스로 발견하게 된다. 가치가 보이면 해야 할 일도 보인다. 그것을 위해 일해야 한다.

마음 4. 기부, 이 돈은 사랑이다.

　내 인생을 돌이켜보면 누군가 흘려보내 준 '마음'이 아니었으면 절대로 이루어질 수 없었다. 나는 누군가의 기부로 세워진 고등학교와 대학교를 나왔다. 등록금이 없어 여러 번 그만두려 할 때마다 이름 모를 집사님, 친구, 교회의 지원을 받아 학업을 이어갔다. 교회에서 생활비를 받고 학비를 받아서 목사가 되었다.

　교회를 그만두었을 때 내 형편은 더할 수 없이 어려웠고 경제적으로 해쳐나갈 길을 찾지 못했다. 대만으로 떠나기 이틀 전에 죽마고우에게 이 사실을 털어놓았다. 그다음 날 자정 집 앞에 찾아온 친구는 '무슨 일이 생기거든 비행기를 타고 돌아오라'며 대만 돈이 든 봉투를 쥐여 주었다. 어학원에서 만났던 스님은 내가 목사라는 사실을 알고 있었지만 한국으로 돌아가기 전 어학원 한 학기 등록금을 내주셨다. 언젠가는 아내 가방에서 하얀색 봉투가 나왔는데, 그 당시 한 달치 월세가 들어 있기도 했다. 봉투 안에는 "성도들의 쓸 것을 공급하며 손 대접하기를 힘쓰라" [12]는 말씀이 중국어로 쓰여 있었다. 또 대만에서 만난 어느 집사님은 만날 때마다 금전적으로 우리 가정을 도와주셨다. 그때마다 오히려 우리가 불편할까 봐 미안해하셨는데 그 모습에 존경심이 들었다. 우연히 대만에서 다시 만난 군 동기는 귀국하면 여비를 챙겨주고, 굳이 사업장으로 초대해서 교통비를 쥐여 주었다. 그 외에도 낯선 이국땅에서 일감을 준 지인들, 밥을 사준 목사님들, 함께 울어 주었던 대만 교회 친구들까지, 받은 도움이 헤아릴 수 없다.

---

12) 로마서 12:13

한국에 들어와서 사진작업실을 할 때도 이런 손길은 계속되었다. 일부러 나에게 웨딩사진을 찍은 선배 부부, 괜스레 내 사업장에 와서 '금일봉'을 주고 간 동료들과 선배들, 정말 수없이 많은 사람이 대가 없이 내게 돈과 마음을 주었다. 그런데 그들 중 한 사람도 다시 내 놓으라는 사람이 없다. 내가 사회에 나와 직접 돈을 벌어 보니 도움을 받을 때 알았던 무게와는 차원이 다른 감사와 고마움을 느낀다. 정말로 그동안 받은 사랑이 너무 크다.

나는 경제적으로 자립하기까지 거의 40년이 걸렸다. 준 사람은 대수롭지 않게 여기지만 받은 사람은 평생을 기억하는 게 '자비로운 돈'이다. 누군가의 '마음'이 흘러 나에게 왔다. 누군가는 아주아주 작은 마음이었을지 모르지만 그 마음이 내게는 '생명'이 되었다. 나는 주변 사람의 도움으로 내 삶을 이어올 수 있었다. 굳이 내 이야기를 구구절절 밝히는 이유도 그렇다. 이제 겨우 내 입에 풀칠할 만하니 깨닫는다. 그건 단순한 '돈'이 아니었다. 그들이 대가를 치르고 번 돈을 나에게 아무 조건 없이 '마음'으로 나누었으니 그건 '사랑'이었다.

왜 사람들은 힘들게 번 '돈'을 대가 없이 줄까. 사랑하는 가족을 부양하고, 형제자매가 공부하는 것을 뒷바라지하고, 친한 친구에게 건네고, 심지어 얼굴 한 번 보지 못한 사람에게 돈이 흘러가게 할까? '사랑', 진짜 돈을 벌어야 하는 이유가 이것이라고 생각한다. 돈은 '사랑'을 표현하는 도구이다. 가난은 나라님도 구제하지 못한다. 반대로 부자는 '개인'의 소산물이 아니라 우리 사회 전체의 열매이다. 모두가 다 잘살 수 있는 방법은 아직까지 없지만, 서로 나누고 도우면 가능하다.

　돈을 현명하고 아름다운 인생을 만드는 데 써야 한다. 우리 중에 누군가는 우리를 이끄는 리더가 되어야 한다. 거창한 의미로 해석하지 말자. 그 누군가는 가정에서, 교회에서, 동료들 사이에서 한 걸음 나아가 뒤따라 오는 사람들을 도와야 한다. 누군가는 먼저 나아가고 아직 걷지 못하는 사람을 일으켜 주어야 한다. 누군가는 '대가'를 치르고 번 돈을 '마음'으로 흘려보낸다. 그 마음이 누군가를 살린다. 나 역시 그런 사람이 되었으면 좋겠다. 내가 번 돈이 누군가에게 '사랑'이 되길 바란다.

에필로그

나와 내 주변이
더 행복해지기를 원한다.

한 여름 열심히 택배를 할 때 일이다. 그때 내 배송구역은 이곳저곳 떨어져 있었다. 그래서 이 동네 배송을 마치면 5~10분 이동해야만 했다. 한 번은 이쪽에서 배송을 마치고 저쪽으로 건너갔는데, 낯익은 리어카가 눈에 들어왔다. 좀 전에 만났던 그 사장님이었다. 차로는 5~10분 거리지만, 리어카를 직접 몰고 여기까지 오려면 적어도 30분은 걸어와야 할 거리였다.

머리를 세게 얻어맞은 기분이었다. 단순히 나보다 더 힘든 일을 하고 있다는 안도감이 아니었다. 뭔가 형언할 수 없는 '경외감과 안타까움' 같은 복합적인 감정이 들었다. 내 트럭에는 이미 결제된 물건이 고객을 찾아가는 반면, 리어카에는 앞으로 팔아야 할 물건이 고객을 찾고 있었다. 이 사람과 나는 완전히 다른 세계를 살고 있었다. 그 여름, 얼굴에 땀이 송골송골 맺혀 있는 사장은, 그럼에도 불구하고 삶에 최선을 다하고 있었다. 그에 비하면 나는 이미 팔린 물건을 배달하기에, 고객을 찾아야 할 부담이 없는데도, 여전히 불평과 불만이 가득했다. 그 순간 묘한 결심이 들었다.

우리나라는 이미 초고속 인터넷이 전국에 깔려 있고, 유튜브에는 수많은 무료 강좌가 널렸으며, 블로그에는 무료 책자가 매일 공유되고, 도서관에는 수많은 책이 기다리고 있다. 하지만 여전히 이 세상은, 자기만 생각하는 강자, 남도 생각하는 강자, 자기만 생각하는 약자, 남도 생각하는 약자, 그리고 아무 힘도 생각도 없는 약자의 각축전이다. 그리고 항상 패자는 '아무 힘도 생각도 없는 약자'이다. 건강이 없고, 지혜가 없고, 인맥이 없으면 최종 패자가 된다. 이들은 아예 이 자본주의 게임에 참여하기 어렵다.

나는 나와 내 주변이 더 행복해지기를 원한다. 나는 꿈을 가르치고, 경제지식을 전하고, 마음을 고치는 일을 하고 싶다. 글을 쓰고 경제공부를 열심히 하는 이유도 그렇다. 나는 누군가의 경제적 자립을 돕는 사람이 되고 싶다. 특별히 이 책이 그런 역할을 해 주었으면 한다.

〈참고문헌〉

강민호(2018). 변하는 것과 변하지 않는 것. 턴어라운드.
고명환(2017). 책 읽고 매출의 신이 되다. 한국경제신문사.
구본형(2005). 그대 스스로를 고용하라. 김영사.
김금선(2021). 내 아이의 부자 수업. 한국경제신문.
김미경(2013). 김미경의 드림온. 쌤앤파커스.
김성호(2009). 일본전산 이야기. 쌤앤파커스.
김승호(2020). 돈의 속성. 스노우폭스북스.
김종율(2016). 나는 집 대신 상가에 투자한다. 베리북.
박세니(2020). 어웨이크. 책들의 정원.
송희창(2012). 송사무장의 실전 경매. 지혜로.
아기곰(2021). 아기곰의 재테크 불변의 법칙. 아라크네.
우석(2022). 부의 인문학. 오픈마인드.
유대열(2018). 나는 오늘도 경제적 자유를 꿈꾼다. 알에이치코리아.
유시민(2013). 어떻게 살 것인가. 생각의 길.
이민규(2011). 실행이 답이다. 더난출판사.
이승현(2021). 부동산 절세 완전 정복. 한국경제신문.
자청(2022). 역행자. 웅진지식하우스.
장문정(2013). 팔지 마라 사게 하라. 쌤앤파커스.
최현(2010). 보험상담의 비밀. 씨앗을뿌리는사람.
홍춘욱(2021). 돈의 역사는 되풀이된다. 포르체.
게리 켈러·제이 파파산(2013). 원씽. 비즈니스북스.
곤도 마리에(2016). 설레이지 않으면 버려라. 더난출판사.
그랜트 카돈(2022). 10배의 법칙. 부키.

다니엘 라핀(2020). 유대인 비즈니스의 성공비결 40가지. 북스넛.

대니얼 카너먼(2018). 생각에 관한 생각. 김영사.

댄 애리어리(2018). 댄 애리어리 부의 감각. 청림출판.

데이비드 버스(2013). 욕망의 진화. 사이언스 북스.

데일 카네기(2019). 카네기 인간관계론. 현대지성.

로버트 기요사키(2018). 부자아빠 가난한 아빠. 민음인.

로버트 치알디니(2006). 설득의 심리학. 21세기 북스.

론다 번(2012). 시크릿. 살림.

롭 무어(2018). 머니. 다산북스.

롭 무어(2019). 레버리지. 다산북스.

마이클 거버(2015). 사업의 철학. 라이팅하우스.

마크맨슨(2017). 신경끄기의 기술. 갤리온.

말콤 글래드웰(2020). 티핑포인트. 김영사.

무라마츠 다츠오(2008). 고객의 80%는 비싸도 구매한다. 씨앤톡.

브라이언 트레이시(2003). 성취 심리. 씨앗을 뿌리는 사람.

브레네 브라운(2016). 마음가면. 더퀘스트.

사이먼 사이넥(2013). 나는 왜 이 일을 하는가. 타임비즈.

세스 고딘(2019). 마케팅이다. 쌤앤파커스.

스티븐 코비(2017). 성공하는 사람들의 7가지 습관. 김영사.

알 리스 · 잭 트라우트(2008). 마케팅 불변의 법칙. 비즈니스맵.

앙드레 코스톨라니(2015). 돈, 뜨겁게 사랑하고 차갑게 다루어라. 미래의 창.

애덤스미스(2016). 국부론. 동서문화사.

앤젤라 더크워스(2013). 그릿. 쌤앤파커스.

엠제이 드마코(2013). 부의 추월차선. 토트 출판사.

이나모리 가즈오(2010). 왜 일하는가. 서돌.

이즈미 마사토(2020). 부자의 그릇. 다산북스.

조엘 오스틴(2009). 긍정의 힘. 긍정의 힘.

조지 S. 클레이슨(2018). 바빌론 부자들의 돈 버는 지혜. 국일미디어.

존 스튜어트 밀(2018). 자유론. 현대지성.

지그 지글러(2007). 클로징. 산수야.

지그 지글러(2008). 정상에서 만납시다. 산수야.

짐 퀵(2021). 마지막 몰입. 비즈니스 북스.

칩 히스·댄 히스(2009). 스틱. 웅진 윙스.

토니 로빈스(2002). 네 안의 잠든 거인을 깨워라. 씨앗을 뿌리는 사람.

팀 페리스(2017): 나는 4시간만 일한다. 다른 상상.

팀 페리스(2018). 타이탄의 도구들. 토네이도.

한스 게오르크 호이젤(2019). 뇌, 욕망의 비밀을 풀다. 비즈니스 북스.

허브 코헨(2001). 협상의 법칙II. 청년정신.

택배기사 된 목사의
생존경제학

초판 1쇄 : 2023년 3월 31일

지은이 : 김연기
펴낸이 : 양동일
펴낸곳 : (주)생각나무
등 록 : 2022년 10월 3일 (No. 2019-000015호)
주 소 : 경기도 광명시 시청로 139, 106-1103
카 페 : http://cafe.naver.com/havrutaschool
전 화 : 02) 2625-5088
구입문의 : 010-8865-5828
팩 스 : 02) 2625-5088
이메일 : ydix409@naver.com
인쇄 · 제본 : 로지포스트 032) 422-0877

ISBN | 979-11-92442-03-7
값 15,400원

이 책은 저작권법에 따라 보호받는 저작물이므로 무단전재와 무단복제를 금지하며,
이 책 내용의 전부 또는 일부를 이용하려면 반드시 저작권자와 (주)생각나무의
서면동의를 받아야 합니다.